JN196940

この国に起きたことを伝えたい！

日本の未来を変えるあなたへ

宮幡昭子

知道出版

はじめに

「自分はまだ若い」と、ずっと思ってきましたが、七〇歳を過ぎた頃から、「あと、何年生きられるのだろう」と思う時があり、自分が若くはないのだということを実感するようになりました。そんな時、走馬燈のように私の人生が廻り出したのです。

そして、「ああ、おしまいだなんて……人生、こんなにあっけないものだったなんて……」と意外な結末におどろいたのでした。

若かった時、未来が前方に広がっていた頃。人生はとてつもなく複雑で巨大だったはず。いつの間にか、その未来を通り過ぎて、最終地点がすぐそこに感じられるようになった年齢の自分がいたのです。

ふり返った年月を改めて見つめ、そして今を見つめた時、「このまま黙って人生をおしまいにするなんて、そんなこと出来ない」。

身体の芯からそんな思いが涌いてきたのです。

自分の死と共に、黙って持ち去ることの出来ない「思い」が、私にはいくつもあったのです。

「その思いを残してみよう!」

そして書き始めた原稿が、私の人生ではじめての作品となり、それがこの本となりました。

宮幡　昭子

日本の未来を変えるあなたへ　◯目次

第一章

松川事件

その人の名は、本田昇さん。

自分の人生を振り返って、つくづく思うのは、人との出会いの運に恵まれていたということです。今まで、多くの素晴らしい人たちに出会ってきました。ひれ伏したいほどに尊敬する人。抱きつきたいほどに愛しい人。その沢山の人の中で私はここまで生きてこれたと思っています。人生の中で私のかけがえのない宝物として、これらの人たちとの出会いがあるのです。その中で本田さんとの出会いは最も深く、濃く、そして長いものとなっています。

私がまだ花の独身時代で、二〇代の半ばの頃。新橋駅から少し歩いたビルの一角に、その小さな事務所がありました。「松川事件対策本部」そんないかめしい入口の表札に不つりあいの、何とも言えぬあの柔らかい笑顔が、緊張してノックしたドアーの向こうにあったのです。これが本田さんとの出会いの初めでした。しかし、その笑顔の奥に、もう一つの顔があったのです。「元・死刑囚」という顔が。

この出会いの数日前、知人から
「松川事件って知っている?」

「いいえ、知りません」

「松川事件の現地調査があるんだけれど、福島に行かない？」

「現地調査？」

この耳慣れない、刑事もどきのひびきを持ったその言葉に、新鮮な魅力を感じた私は、数日後、上野発午後一〇時の夜行列車に飛び乗ったのです。列車転覆事故の「現地調査日程表」をしっかり握りしめた私の心は、すっかり刑事そのものに。翌朝、五時頃目覚めると車窓の外には福島の田園風景が広がっていたのでした。

その日は、「赤間自白」（松川事件のきっかけになった赤間さんの自白）にもとづいて、犯人たちが集合したとされる場所から、事故現場まで、線路やあぜ道を歩きました。今、思うと考えられないことなのですが、一九七〇年代の田舎のローカル線は線路を歩けたのです。

先頭の道案内役は岡田十良松さんでした。彼のことをみんなが親しみをこめて「トラちゃん」と呼んでました。一審の判決で懲役一二年だったトラちゃんのすぐ後を私は歩いていました。夏の照りつけるような太陽の下、草が生い茂ったあぜ道を歩くトラちゃんの足が突然止まったのです。

「まちがえたよ。この道じゃなかった。警察も、どうせデッチあげるんだったら、もっと簡単な道にしてくれればよかったんだよ！　アハハハ……」と笑って引き返したのです。

私は、ハッとしました。

「この人は、本当にやってないのだ。これから列車を転覆させる為に通った道なら、間違えるはずがない。それにあの、とっさの冗談は犯人には言えるはずがない」

新米刑事の最初のショックだったのです。

その晩は岳温泉の広間で松川事件の勉強会がありました。集合場所とされた所から、列車が転覆した場所までの地図が、大きな模造紙に書かれて正面に貼ってありました。そして「赤間自白」どおりに進んで行くと、どうしても事故のあった午前三時九分までに現場に到着出来ないことを、その説明から知ったのです。

当日は村の祭りで、いくつかの踏み切りにはテントがはられ、村人の安全のパトロールの為に番人が立っていたのです。しかし犯人たちは誰にも会わず、そこを通過したことになっています。気象を調べると、その日は星一つ見えないほどの曇りだったことがわかりました。犯人たちは明かりになるものは何も持たず、まっ暗やみの中を事故現場まで誰にも気づかれることなく歩いたことになっているのが有罪の決め手になった「赤間自白」なのです。驚くことはまだあります。犯人とされた二〇名の中の高橋晴雄さんは、冬、凍りついたホームで足をとられ転倒して、後遺症として歩行が困難な状態だったのです。昼の明るさの中、若者が必死の早足《はやあし》で歩いても「赤間自白」のようには歩けなかった距離だったのです。

当然、高橋さんは医者の診断書を裁判所に提出したのですが、有罪でした。それでは裁判長は何と言ったのでしょう。

「精神力のいかんによっては歩けないこともない」

と言ったのです。大学を卒業して司法試験にパスした裁判官が、こんなお粗末なことを言ったのです。裁判とは、もっと高度な判断力で正確に判決を出す所と思っていた私の思いは、ひっくり返されてしまったのです。

その晩、宿の布団に入ってもなかなか寝つけませんでした。ある日突然、自分とは何の関係もない事件の犯人とされ、死刑宣告される、そんなことがあるのだというショック。清く正しく生きていれば裁判所などとは無縁だと信じていたことが誤りであったというショック。私には見えていなかった政治のやみ。底なし沼をのぞき込むような恐怖を感じたのでした。

この現地調査は、初め少人数で行われていましたが、二審判決後、大衆的な大規模なものとなり、その数は延べ一五〇〇〇人にもなったと聞いています。私が参加した時は、無罪判決から五、六年が過ぎていて、国家賠償裁判の時でしたので、そのピークは過ぎていたと思うのですが、それでも松川の市内を移動する時は、貸し切りバスが二、三台あったように記憶しています。

現地調査から帰ると私はすっかり松川に夢中になり、いろいろな勉強会や集会に走りまわるような生活になっていました。土曜日（当時、会社の仕事は半日）になるとほぼ毎週、「松川」の事務所に足を運ぶようになっていました。そこで本田さんと親しくなりました。元・被告だった二〇名の人たちは無罪判決後、各々新しい職場に散っていったのですが、本田さんは事務所に残り、国家賠償裁判やその後も続いた松川運動にかかわっていました。ある日、私はいつものように郵便物の切手貼りのような簡単なお手伝いをしながら、本田さんと雑談をしていました。その時なぜそんな話題になったのか前後のことは覚えていませんが、私は横に座って作業をしている本田さんに聞いたのです。

「なぜ人間は生きていかなくてはいけないのですか。生きる理由は何なのですか」

本が好きで、小学校の頃からずーっと本ばかり読みあさっていました。高校卒業しても手もとに読みかけの本がない日はありませんでした。若い頃は、太宰治や、芥川龍之介の晩年の作品が好きで、人生を斜めに生きることが格好よくて、いつだって死ねると思いながら人生の追究をしていた、生意気な文学かぶれの娘だったのです。社会に出て働くようになってもそんな昔の自分を、心の奥で引きずっていたのだと思います。本田さんはそんな私の質問に直接答えることなく、

「あのね、あきちゃんに読んでもらいたい本があるんですよ。いつかお渡しします」と、いつもの柔らかい笑顔でそういったのです。二、三日後、本田さんから私の職場に電話がありました。

「今、東京駅の南口改札にいるのですが、出て来れますか。お約束の本を持ってきたのですが……」

当時の私の職場は、東京駅前の丸ビルにありました。走って五分のその距離を、改札口に向かって私は飛んで行ったのです。

「二冊ありますので、これはあきちゃんにプレゼントします」

そう言って二冊の本を私に手渡すと、クルリと背を向けて雑踏の中に消えた本田さん。

裁判のことや、「松川運動」の集会などで多忙の身であることを知っていた私は、その忙

しさの中をぐって、私みたいな小娘との約束の為、わざわざ足を運んでくれた本田さんの誠実さがもったいなくて、眩《まぶ》しすぎて、その後姿が消えた雑踏を見すえたまま立ちつくしていました。

この五〇年も前の光景を私は昨日のことのように忘れられないでいるのです。その手渡された本は大正から昭和に活躍していた小説家、広津和郎《ひろつかずお》さんの『自由と責任とについての考察』という長い題名の随筆でした。読んでいて、グイグイと広津先生の世界に引き込まれる魅力的な本でした。あるページまで読み進んだ時、私は自分の顔が赤くなるのを感じました。恥ずかしさで一杯になったのです。

そこにはフランスの文学者であるカミュの作品『異邦人』について広津先生が解説したものが書かれていました。

――主人公のムルソオの考えていることが、

"WHAT IS LIFE"に止まっていて、"HOW TO LIVE"という思念がない――という書き出しから始まっていました。

"WHAT IS LIFE"＝人生とは何か。"HOW TO LIVE"＝いかに生きるか。

この二つの言葉を使って広津先生は、当時ヨーロッパを中心に若者たちに絶対的な人気のあったサルトルと並ぶカミューの思想にくさびを打ち込んだのです。広津先生の言葉を続けます。

——WHAT IS LIFE の抽象的思想には個人の責任という観念はないのである。なぜかというと、個人の責任という観念は　HOW TO LIVE を考えなければ生まれてくる筈がないからである——。

そして、広津先生は語ります。

——カミュのいう最も大きな不条理である「死」から乗り越えるには　WHAT IS LIFE から HOW TO LIVE に移行しなければならない。なぜならその　WHAT IS LIFE には先がない。なるほどその　WHAT IS LIFE から考え出される死は確実にある。しかし、HOW TO LIVE には死はない。いや理論的帰結としては死はある。確実にある。しかし生きている人間の気持ちには死がない——。

そして広津先生の言葉はこう続くのです。

——WHAT IS LIFE の思想に　HOW TO LIVE の思想が加わらずして、既存の人間関係や虚偽の制度と戦える筈はないではないか——。

松川の事務所で私は本田さんにまさにこの質問をしたのです。

「人生って何？」

「なぜ生きていくの？」

それに対して、本田さんは何も答えず、黙って一冊の本を私に差し出したのでした。その中に広津先生の言葉を借りた、本田さんの答があったのです。私は脳天にハンマーの一撃をくらったのでした。

本田さんは身に覚えのない罪で、死刑を宣告され、一四年もの間、死刑の束縛から逃げることが出来なかった、そんな苛酷な過去を持っていたのです。著書『松川事件60年の軌跡』の中で言っています。

――獄中生活で何が一番苦しかったと、いつも聞かれるのですが、食事のこと、少ない運動時間のこと、監視される気持ち、看守たちとの軋轢《あつれき》など、不自由な生活の問題がいくつも出てくる。鍵をかけられた一坪半の暗い独房に一日中じっとして暮らす生活は、確かに堪え難い生活だった。しかし、それにもまして苦しいことは、自分は果たして、生きるのか死ぬのか、真実が勝つのか真黒い虚偽が勝つのか、いずれともわからない状態に、耐えて生きることだった。生も死も、自由が自分の手から離れた長い時間とのたたかいだった。

獄中生活上のいろいろの不自由さは、これからすれば、更に二倍三倍になっても耐えやすいものだったと言えるように思われる――。

そんな本田さんにこの生意気な小娘は、恥じることもなく人生に生きる意味なぞあるのかと聞いたのです。松川事件を知っているつもりだった自分が、一体何を知っていたというのであろうか。少しでも知っていたのなら本田さんにあのような失礼な質問は出来なかったはず。底の浅い自分の思考を自己嫌悪の中で思い知らされたのでした。

本田さんとめぐり会うずっとずっと前。私がセーラー服の高校生だった時。夏休みだった八月八日。私は親せきの家で見たテレビを今でも覚えています。テレビ画面には両手をあげて「バンザイ、バンザイ」と多くの人が叫んでいるのでした。後で知ることになる「八・八判決」つまり、一九六一年八月八日、仙台高裁で松川事件被告二〇名全員に無罪の判決があった日だったのです。

「全員無罪と言っているけれど、もう一〇年以上も前のことだから真相はわからなくなっているのではないか。この中に一人や二人犯人がいるのではないか」

そう思ったのです。高校生だった私の社会をみる洞察力はこの程度だったのです。

広津先生は「裁判と真実」の中でこう述べています。「これは、証拠不十分だから無罪だと言うようなあいまいな理由からではなく、被告全員がこの事件の犯罪者であるという何の証拠もないことを具体的に、実証的に証明しての全員無罪の判決なのです」と。そして、「被告たちが有罪であるという証拠はどこにもなく、無罪の証拠は一杯ある」と言われていました。

私はこの事実を社会人になってから知ったのですが、「無知は罪」という言葉を頭を抱えて転がる思いで知ったのでした。それ以後ニュースで犯人がつかまったと報道されても、その人を犯人とは思いません。起訴されて裁判になり有罪判決が出るまで、あくまでも容疑者であって犯人ではないのです。そしてたとえ有罪判決が出てもその人が「やっていない」と言って上告している場合は、やはり犯人とは思いません。「松川事件」を知って、一人ひとりの被告に会い、その苦悩を知ってからこの私の姿勢は理屈なしに体に染み込んでいるのです。よーく世の中の裁判に注目してみて下さい。今も無実の人が有罪となっている例があるのです。

「国民救援会」という組織があります。無実の人を助ける活動をしています。「松川事件」もこの救援会が大きな力となって活動しました。長い歴史を持つ組織です。冤罪《えんざい》事件を知りたいと思う人は訪ねてみて下さい。裁判がいかに正しく機能していないかがわかるはずです。

本田さんがこの上もなく尊敬している広津和郎さんが言ってます。

「どんなイデオロギーの政治であっても裁判だけは公正でなければならない」と。世の中の政治がいかに変わろうとも、裁判が正常に機能していれば、世の中を安心して生きていけると言っているのです。しかし今の裁判をみていると憲法で定められている三権分立（立法・司法・行政）が、正しく実行されているとは思いません。特にひどいのが沖縄での裁判です。住民の声を無視して辺野古にアメリカ軍の基地を作っていますが、法的な手段をとってその工事を止めさせようと裁判所に訴えても、ことごとく負けています。裁判はいつも行政（安倍内閣）の言い分を認めています。素人でもわかるような国に味方する乱暴な判決が出ているのです。

一九四九年（昭和二四年）八月一七日。青森発上野行の普通旅客列車が脱線転覆したのです。松川駅から一・五キロの地点でした。

本田さんはこの時、組合の事務所で仲間数人と寝ていました。「汽車が松川の近くで転覆したらしい」との声に飛び起きました。

翌日の一八日正午、福島から遠く離れた東京で、増田官房長官が記者会見をしました。

「今回の列車転覆は、集団組織をもってした計画的妨害行為と推定される」と発表したのです。転覆した翌日です。まだ現場の検証も終わっていない時に、なぜこのような事が言えるのでしょう。そして彼は、「これは共産党の陰謀である」とも言っています。

今なら、こんな乱暴な発言は許されません。まるで事前に原稿を用意していたのではないかと疑いたくなります。しかし、当時、世の中の人たちは新聞のこの記事を信じたのです。そして、日本共産党は恐ろしいと思ったのです。この年の総選挙で日本共産党が四名から三五名に躍進し、労働運動が高揚していた時に、「共産党は恐ろしい」の思いが世間に広がったことは、政府、自民党にとって嬉しいかぎりであったのです。

九月一〇日に、赤間勝美さん（一九才）が逮捕されました。逮捕容疑は一年前のささいなケンカでした。しかし取り調べは列車転覆についてだけでした。赤間さんは列車転覆などやっていないので「知らない」と言い続けたのです。しかし連日連夜、きびしい取り調べが続いたのです。そして、

「自白しなくてもお前はどうせ死刑だ。他の仲間が赤間も一緒だったと言っている。し

かし自白すれば死刑にならないようにしてやる」

　それまで刑法など何も知らなかった一九才の少年に六法全書を机の上に広げ、一三階段の絵を描いて絞死刑の説明をしたという。夜遅くまで頭がクラクラするほど脅された赤間さんはついに自白するのです。自白と言っても何もやっていないので、誰と一緒だったかと聞かれても何も言えないでいると、取調官がテーブルの引き出しから一枚の写真をとり出したのです。それは国鉄労働組合の集合写真でした。そして取調官が指して「この人だね」と教えてくれた人すべてにうなずいたのです。しかし、指された人の中には赤間さんの知らない人もいたのです。私はこの話を赤間さんから直接聞きました。

　この「赤間自白」が「松川事件」のスタートでした。そしてすぐ国鉄から五名、東芝から二名が逮捕されました。第一次検挙です。その後検挙は第二次、三次と続き、国鉄から一〇名、東芝から一〇名　計二〇名が逮捕されました。一九四九年九月二二日午前五時、ドンドンと激しく雨戸が叩かれて、本田さんの家に突然四人の刑事が飛び込んできたのです。本田さんはまだ寝ていました。叩き起こされた本田さんが「一体、何事ですか」と聞くと「本田昇を逮捕する」と言ったのです。「逮捕状をみせて下さい」との本田さんの言葉を受けて差し出された逮捕状をみると、「汽車転覆破壊致死」の容疑と書いてありました。

本田さんはこの時のことを「逮捕状に汽車転覆と書かれている文字を見て内心ホッとしたのですよ」と私にそう言っていました。

七月に福島管理部が国鉄職員の二〇〇〇名の首切り（強制退職）を発表。これに対し国鉄労働組合は連日抗議と反対陳情を行いました。本田さんの所属する支部役員は本田さんを除いて全部逮捕されていたので、これはその追加の逮捕だと本田さんは思っていたのです。逮捕された仲間たちは二週間ぐらい帰ってこれなかったので、自分も多分そのくらいは留置所から出られないだろうと覚悟していたのですが、逮捕状の「汽車転覆」の文字をみたので、ああこれは何かのまちがいだ。よかった、これならすぐ帰れる。と思ったのでした。

本田さんは家族に、「何かのまちがいだと思うので夕方までには帰れると思うから安心していていい」と言い残し家を出ました。おもてには黒塗りの乗用車が待っていました。この日から一〇年近く帰れなくなるなどとは、夢にも思うはずなく本田さんはその黒塗りの車に乗ったのでした。この日を境に本田さんの人生は大きく変わってしまったのです。

それではこの時代、世の中はどのような状況だったのでしょう。

第二次世界大戦が終わって、四年が過ぎていました。日本は占領軍司令官マッカーサーによってアメリカの占領体制下にありました。戦後すぐの占領軍は日本の民主化に力を入れていました。学校教育や労働者の職場などいろいろな分野に民主主義の波がよせ、新しい体制に変わっていったのです。特に戦後の経済が混乱する中、失業、貧困が広がり労働運動が急速に伸び、日本共産党の影響力の拡大が進むようになると、今までの占領軍による民主化は変貌したのです。労働組合を弾圧するようになりました。権力側にとって共産党の躍進は都合が悪いものだったのです。

松川事件の起きる一カ月ほど前の七月五日に下山《しもやま》事件。一五日に三鷹《みたか》事件といわれた二つの鉄道に関係する事件が相次いで起きました。国鉄の下山総裁が行方不明となり、翌日線路で死体となって発見されたのが下山事件です。そして、中央線三鷹駅構内で突然発進した無人電車が暴走して改札口付近や駅前にいた人たちが事故にまきこまれて、死者六名、重軽傷者一五名が出たのが三鷹事件です。現場検証も終わってなく詳細が何もわかっていない翌日に、吉田首相は「不安をあおる共産党」と題する声明を発表しました。そして八月の松川事件と続いたのであります。

これらの事件は、まるで日本共産党の煽動であるかのように世間に報道されました。後に松川事件の無罪を得る為に骨身を削って活動した作家の広津和郎さんでさえ、最初は「共産党も実に愚かな戦術を用いるものだ。これでは人心が去ることになるだろう」と言っていたのです。当時はそれほどに反共（共産党をつぶそうとする力）の嵐が吹きあれていたのです。そして、戦後の混乱も治まって平和ムードが流れてきた頃になると、これらの事件は実は共産党ではなく、他の組織がからんでいたとの説が出て、それを裏付ける本が何冊も出版されました。当時、推理小説や古代史で有名だった松本清張の『日本の黒い霧』は、当時の疑惑にメスを入れ、真実を追究した一冊だったと思っています。

一九五〇年十二月六日、いよいよ松川事件の一審判決の出る日です。前日、被告たちは一年余りお世話になった牢獄をいつもより丁寧に掃除をして荷物をまとめました。ここにはもう戻ることはないと思っていたからです。取調官は恐ろしかったけれど、公判では裁判官が話を聞いてくれて、検察官の作った偽りの調書はすべて崩れ去り、被告たちには、明白なアリバイがあることも裁判官の前で明らかに立証され、列車転覆の相談やその実行などは被告たちに不可能であることがはっきりと証明されたのだから、無実以外の判決など考えられなかったのです。

そして、判決の時がきました。裁判長が読みあげた判決文は、死刑五名、無期五名、そして他の一〇名も全員が有罪というものでした。

信頼していた裁判にうらぎられた日、再び戻った牢獄で被告たちは一睡も出来ず朝をむかえたといいます。夜明け前に直ちに宮城拘置所へ移ることを告げられたのでした。手錠をかけられ、幌をかけたトラックに乗せられ物々しい警備の車に前後をはさまれて仙台の拘置所に運ばれたのでした。

宮城拘置所へ移ってから、被告たちはとんでもない状況に自分たちがいることに気づき、命を守る為に沈黙は許されず獄中から松川事件の真実の訴えを始めたのです。

松川事件の弁護を引き受けてくれた弁護士、家族、そして国民救援会などから差し入れられた名簿をもとに、各地の弁護士会、労働組合、宗教関係、作家、文化人、平和運動家など、あらゆる分野の人たちに松川事件の真相を伝える手紙やハガキを送ったのです。拘置所の外で最初に動いたのは療養所にいる結核患者の人たちでした。当時、結核の治療薬がなく不治の病と言われていました。戦前・戦後の流行期には一〇万人を越える人たちがこの結核で亡くなったのです。感染力があり患者たちは療養所に隔離されたのです。

松川事件の真相を知った患者たちがいち早く動きました。「無実の人を殺してはいけない」と、病を持った身でありながら鉛筆を武器に立ち上がったのです。全国に向け松川事件の真相をハガキに書き「正しい裁判を」と訴えたのです。松川事件の被告の死刑は、同じ死を身近に感じていた患者たちにとって人ごとではなかったのです。そしてやがてこの「松川守る会」の運動は全国に大きな波のうねりとなって広がっていったのです。

二審の判決が出るまで三年かかりました。この間に「松川運動」は大きく躍進したのです。職場の中にまで「松川守る会」があちらこちらにできて、日本中の労働者が松川事件の正しい判決を願っていたかのような雰囲気が流れていたのです。その熱い思いの中、「今度こそは」と誰もが無罪を信じてむかえた判決の日、一九五三年十二月二二日、法廷に響いた裁判長の声は、またしても死刑四名、無期二名、一七名の有罪判決内容であったのです。裁判長の朗読が始まってから一八分。一人の被告が立ち上がって「裁判長、それは何ですか、何を読んでいるのですか」と言いました。裁判長は発言を禁止しました。すると今度は別の被告が「実際やっていないのにどうして有罪という判断が成立するのですか」。すると裁判長の「被告は絶対やっていないと主張しておるが――」との声をさえぎるように、被告たちがいっせいに「いや、主張なんかでなく、真実を言っているのだ」と叫びました。それを受けて裁判長は、「それは見解の相違であり、もうこれ以上聞いてもしょうがない」と言ったのです。

「見解の相違といいますが、そうじゃない。あなたたちはそう思うと言っても、我々は実際やっていないのだ」「見解の相違で死刑にされてたまるか！」と被告たちの声が響きます。すると裁判長は驚くことに「やっているか、やっていないかは神様しかわかりません」と言ったのです。被告たちが「いや、俺たちが知っている！」と叫んだのです。そのような裁判長と被告たちの応酬問答があった後、「我々はこれ以上この法廷にとどまって判決を聞くことはできない」と抗議して法廷を出たのでした。

この日は、判決の頃から雪が降り出しました。被告たちが連れ戻された獄舎を埋め尽くすように一晩中降り続いた雪の夜。再び裁判に裏切られた被告たちは、立ちはだかる壁の高さを知らされ、ねむることもできずに朝を迎えたのでした。被告の本田さんの詩です。

雪よ降るな！　　　　本田　昇

雪よ降るな
裁判所という　赤煉瓦を
雪よ覆うな

今日　そこでは―
生きとし生きる無辜《むこ》の声が
血にそめられている
黒い洋服が公正の廷《にわ》にむしりとった
小鳥の羽毛のちらばりがある
血にそまったまま
ちらばりのまま
その上を　雪よ蔽うな

たとい　お前が母のような温かなふところをもっていたとしても
母の胸ならつぶれている
わたくしの心は切りさけている
ああ、おののく母のその手よ
歓びにふくらんでいた胸よ
希望にひろげられていた腕よ

その胸、その腕ふかく
頬ずりしてふりかけたかった美しい涙よ
私達は火のような心の中にそれをもやしているとき
雪よ降るな！　（以下略）

（一九五三・一二・二二　判決の夜）

一審判決後、獄中からの「真実は壁を透して」を読んだ作家の広津和郎さんは、これは決して嘘や偽りでは書けない文章だと評し、以後松川の真実を知る為に公判の傍聴に行ったり資料を調べたりして、被告たちの無実を確信するようになりました。そして、作家という立場を生かして『群像』『新潮』『世界』『中央公論』等、多くの雑誌に松川事件の真実を訴える文章を載せていたのです。

公判を重ねるごとに、検察官主張のデッチ上げ構造は崩壊をはじめました。列車転覆の相談の集まりなど何処にも存在しないことが、被告たちの明白なアリバイが裁判官の前で立証されたのです。被告たちが事実を述べるなかで、次々と検察官の主張がデタラメであることがはっきりしたのです。広津先生も、これで被告たちの無実を得ることができると思っていました。しかし、判決は有罪だったのです。その時の広津先生の様子を、宿を訪ねて先生にお会いした中央公論社のS氏がこう述べています。

「広津さんは部屋の奥の廊下に走った。障子の蔭にうずくまり、袖で顔を覆ったその袖の中からどうしようもなく洩れてくる老作家の慟哭《どうこく》を私はどうやって聞いていたのか。それを思いおこすと私は今も手が震えてくる。」

その後、広津先生は二審の判決文を読むことに没頭したのです。

「確信をもって言い渡す」と特に宣言した鈴木裁判長が言い渡したこの判決のどこに確信があるのか。私はそれを検討してみたいと思うと述べた広津先生は、以後四年半にわたって『中央公論』に判決批判を連載したのでした。広津先生は判決文の誤りや捏造《ねつぞう》性を全公判記録に徹して指摘し正したのでした。被告たちからじかに聞いた話でも、それが法廷資料になっていないものは取り上げることを避けました。徹頭徹尾、実証的論理的であって、少しでも感情に流されることを許さなかったのです。判決文の誤りを、一つ一つ具体的に簡単明瞭に説明したのです。その広津先生の根底には、無実の人間を死刑に追い込む官憲《かんけん》に対する怒りや、罪なくして死の淵に立たされている被告たちに対する深い同情の気持が土台にあったのだと思います。

私はこの広津先生の姿を知った時、一九三九年（昭和一一年）の広津先生の講演記録にある「散文精神について」を思い出しました。この年は日中戦争、そして日米大戦（太平洋戦争）へ突入する戦争の準備が完成した年だったのです。巷には戦争のきなくさい臭いが漂っていました。そのような状況の元で講演された内容の一部は次のとおりです。

「散文精神について」

「それはどんな事があってもめげずに、忍耐強く、執念深く、みだりに悲観もせず、楽観もせず、生き通していく精神、それが散文精神だと思います。それは直ぐ得意になったりするような、そんなものであってはならない。現在この進み方を見て、ロマンティシズムの夜明けだとせっかちにそれを謳歌する、そんな風に直ぐ思い上がる精神であってはならない、と同時にこの国の薄暗さを見て、直ぐ悲観したり滅入ったりする精神であってもならない。そんな無闇に音を上げる精神であってはならない。そうではなくて、それは何処までも、忍耐して行く精神であります。何処までも忍耐して、執念深く生き通して行こうという精神であります。じっと我慢して冷静に、見なければならないものは決して見逃さずに、そして見なければならないものに慴えたり、戦慄したり、眼を蔽うたりしないで、何処までもそれを見つめながら堪え堪えて生きて行こうという精神であります。」

広津先生が不当な二審判決を乗り越えて、ペンを握り直し執筆活動をスタートしたその姿勢は、まさにこの「散文精神について」をなぞるようなものだったと思えるのです。

二審判決から最高裁の判決が出るまで六年もかかりました。その間に松川事件の被告たちを助ける為の活動は盛んになり「松川運動」は全国規模になってました。

二審判決から五年が過ぎようとしてました。

一一月五日から始まる最高裁の公判（訴えられた人が罪があるかどうか裁判官が調べる公開による法廷で、ここで被告たちが裁判官の前で発言出来る）に向けて、労働者たちは被告のいる仙台から最高裁のある東京に向けて大行進を行いました。「無実の者を殺させない裁判を」と書いたタスキを肩に行進を続けたのでした。

「松川運動は、日本人民の偉大な民主主義運動であった。そこでは人民の自主性、自発性が最大限に発揮された。守る会や松対協（松川事件対策協議会）のような独自の組織や、現地調査をはじめとする創意に満ちた活動も運動の必要のなかから人民の知恵によってうみだされた。この運動を成立させ、勝利を勝ち取ったのは数百万の大衆の力であった。」
―松川運動全史―より

そして、一九五九年八月一〇日　最高裁の判決は「原審破棄、仙台高裁に差し戻す」というものでした。この「差戻《さしもど》し裁判」とは大きく無罪に近づくものでした。「おめでとう」と「バンザイ」の声が飛び交ったのでした。

そして、やり直しの裁判の門田《もんでん》裁判長は検察官に対して「有利不利にかかわらず手持ちの証拠を提出するように」と勧告したのです。これによって多くの捜査書類、調書類などが提出されました。その中に「諏訪メモ」が含まれていたのです。

このメモは佐藤一さんのアリバイを証明するもので、それは同時に列車転覆の謀議もなかったことを意味するものでした。東芝工場の諏訪さんの書いたメモは、最初は警察に押収されたのですが、その後、検事がその場所を点々と変えて、隠し続けていた事がわかったのです。各新聞は「諏訪メモ発見」と大きく報じたのです。警察も検事も調べを始めた時から、被告たちが事件と関係ないことを知っていたことを示す証拠類でした。なりふり構わず被告たちを陥れようとした国家権力に背筋がゾッとすると共に、今さらのように怒りがこみ上げてくるのでした。

一九六一年八月八日、仙台高裁の差戻し審は四七回の公判を重ね、門田裁判長は被告全員に「無罪」を言い渡したのでした。これが、私が高校生の夏休みにテレビで見た判決だったのです。この無罪判決の一三日後、検察は上告しましたが、一年後に棄却されました。これで被告たちの完全無罪が確定したのです。ここまでに一四年もかかりました。二三才の時に逮捕された本田さんは四〇才近くになっていました。無罪になっても空白の青春は絶対に戻らないのです。松川元被告と家族は一九六四年、東京地裁へ国家賠償請求訴訟を行いました。

「原告らは、本件と全く無関係であるにもかかわらず約一四年の長期にわたり、筆舌に尽くしがたい数多くの辛酸を味わなければならなかった。本件の捜査は、単にその方法を誤ったというのではなく当初から国鉄労組、大企業労組及びこれを指導していた共産党を弾圧する目的で、当初から一定の構想によってすすめられたものである。この捜査過程で捜査官は虚偽の自白をとる為に原告らに対し、強制、脅迫、偽計、誘導等を行い、あるいは証拠を捏造し、隠匿《いんとく》し、ありとあらゆる不正をはたらいた。原告たちは、青春を獄中に閉ざされ、呻吟《しんぎん》し、死の恐怖におびえ、健康を損ね、一四年間社会的名誉、信用を完全に毀損《きそん》された。今無罪となっても、これらのことをとりもどすすべもない。原告のうち、これら元被告の家族は、突如理由もなく一家の働き手を奪われ、貧困にあえぎ、極悪犯の身内という世間の白眼視《はくがんし》に耐えねばならなかった。その一四年にわたる辛苦は、まさに言語に絶する。原告らは国家権力によるこのような残虐非道な人権蹂躪《じゅうりん》が二度と繰り返されないことを心から願うが故に、国家機関の不法行為の責任を追求し、その不正を明らかにすることが社会的責務と考えて、本訴を提起するものである。」

このような内容の訴訟を提出したのです。以後四年三ヶ月にわたって公判が開かれ、一審判決では、改めて「原告（元被告）は全証拠に照らして無実」とし、「本件捜査、公訴の提起およびその裁判の継続は一連の行為として違法」とし､国に賠償を命じたのでした。

これは一九七〇年の東京高裁判決でも支持され、国側の控訴は棄却され、国は上告を断念して、松川国賠裁判は勝訴したのです。これは検察官、警察官の権力犯罪を追求した画期的な裁判となったのです。

松川事件現場を見下ろす丘の上に一三メートルの高さの「松川の塔」が建っています。全員無罪確定の翌年、全国から集まった約六〇〇名の松川活動家の人達によって、松川記念塔除幕式が行われました。一四年にも及ぶ権力との戦いに勝利した証《あかし》として、田園風景に包まれて、そびえ立っているのです。

塔に刻まれた碑文は、

「一九四九年八月一七日午前三時九分。この西方二〇〇米の地点で、突如、旅客列車が脱線転覆し、乗務員三名が殉職した事件が起こった」から始まり、「この列車転覆の真犯人を、官憲は捜査しないのみか、国労福島支部の労組員一〇名、当時同じく馘首反対闘争中であった東芝松川工場の労組者一〇名、合わせて二〇名の労働者を逮捕し、裁判にかけ、彼等を犯人にしたて、死刑無期を含む重刑を宣告した」―中略―

とあり、そして最後に、

「人民が力を結集すると如何に強力になるかということの、これは人民勝利の記念塔である。」と結ばれています。

この碑文の原案は、広津先生の筆によるものです。福島大学に「松川資料室」があります。四年もの準備期間の末、一九八八年一〇月にオープンしました。福島大学教授だった伊部正之さんと、横浜国立大学の教授だった、今は亡き木下英夫さんの並々ならぬ努力の賜《たまもの》がギッシリと詰まった資料室となっています。

木下先生は「松川運動」を民主主義の問題から捉え、卒業生や知人に呼びかけて「松川研究会」を発足されました。後に広津先生の思想研究をして論文を発表していました。

末期ガンの病室に先生を訪ねた時、「今これを読み直しているのですよ」と、あのはにかんだ微笑を浮べて、松川事件のぶ厚い本を大事そうに胸に抱えていたベッドの上の木下先生の姿に、私は強い衝撃を受けました。木下先生の人としての大きさと深さに圧倒されたのです。

本田さんは自分よりも二〇才以上も若い木下先生に、松川事件の証人として大きな期待を托していたのですが、突然に木下先生を失った悲しみと落胆は、見ていて辛すぎるものでした。

そして、準備期間も入れると三〇年以上もコツコツと松川事件資料室と向かい合っている伊部先生の姿は驚嘆であると共に、私には神々《こうごう》しささえ感ずるのです。木下先生も伊部先生も、松川事件の裁判が終わってからずっと後になって松川事件に係わっているのです。被告たちの命がどうなるかわからなかった時期の、熱く燃えた松川運動には接していなかったのです。しかし、松川運動には何年がすぎても、人を虜《とりこ》にする魅力があるようです。

福島大学の松川事件資料室に、若い人たちが足を運んでくれる事を祈る思いです。ここには、被告たちが無実を訴えたハガキや手紙、裁判資料、弁護団資料、松川関係の単行本、当時の松川事件を報じた、雑誌、週刊誌、グラフ雑誌等。また全国に広がった「松川守る会」の運動誌があります。映画――これは自主製作自主上映運動の中ですばらしい映画が続々と作られて、松川の真実を全国に広める為に大きく役立ったのでした。そして、スライド、ビデオ、ポスターもあります。また、電報、ノート、日記、写真、獄中絵画、新聞の切り抜き、ありとあらゆる松川に関係したものがこの資料室に集められたのでした。差戻し審で全員無罪の判決を言い渡した当時の裁判長であった門田実《もんでんみのる》さんは、その裁判資料はもちろん、個人的資料まで提供して下さったのでした。

松川事件の事故現場にほど近い福島大学松川資料室には、松川運動から生まれた宝物が、ギッシリと詰まっているのです。そして今、この松川資料の「ユネスコ世界の記憶」への登録をめざす動きがあるのです。福島大学が「後世に伝えていく使命がある」として、国連教育科学文化機関（世界記憶遺産）へ登録を申請しました。

第二章

松川事件から六八年の今

二〇一七年六月一九日は、本田昇さんの九一回目の誕生日でした。無罪判決の後、検事上告棄却の判決が出た一九六三年、本田さんの命をやっと「無罪確定」という確実のものとして取り戻してから五四年が過ぎたのでした。誕生日を祝う会に現れた本田さんは九一才にはとてもみえないほど若かったのです。宝物をみるかのように、その姿をみつめる私なのでした。

今、世の中はまるで歴史が後戻りするかのように、安倍政権は狂ったような暴走の中で、自衛隊は外国に武器を持って行けるようになりました(安全保障関連法)。武器の使用だって可能になったのです。まさかと思っていた「秘密保護法」は多くの憲法学者の「憲法違反」の声を無視して法案を成立させました。「共謀罪」はろくに議論もせず、法務大臣でさえ内容を把握していない(国会での質問でまともに答えられなかった)状況のもと、強行採決で可決してしまったのです。

その昔、私たちの先輩が血を流し、命まで落として獲得した「民主主義」。言論の自由、思想の自由、もろもろの権利。当たりまえだと思っていたこれらの権利が踏みにじられる世の中が、すぐそこにやってくる恐怖を感じるのです。戦争なんか、この三つの法案をうまく使えばいつだって始められるのです。うそだと思うのであれば、これらの法案の内容をよーく読んでみて下さい。充分納得出来ます。

しかし、巷には笑顔の若者たちがあふれています。テレビをつければ楽しい音楽や、平和なドラマがあり、お笑い番組は花盛りでテレビからは常に爆笑の波が押し流されているのです。そこに危機感など、微塵もありません。まるでこの平和が未来永劫続くかのような、そんな気分に満ちています。

忘れたのでしょうか。それともちゃんと心で見ていなかったのでしょうか。二〇一一年三月一一日の、東北地方を襲った大地震を。平和な日常生活が突如崩壊して、跡形もなく消えてしまったこと。安全だと信じていた原発が爆発して昨日まで活気に溢れていた街が一夜でゴーストタウンになってしまったことを、忘れてしまったのでしょうか。東北の人たちの尊い多くの命の犠牲の上に私たちは知ったはずです。

安倍政権は性懲りもなく原発の再稼働を押し進める方針を強行しています。

あの時、私たちは東電の「想定外の大津波」という発表を鵜呑みにして、あたかも天災のように思っていましたが、今になってそれが人災であったことが裁判でも証明されました。あの大津波が来る可能性を東電は知っていたのです。経費を理由に対策を後まわしにしている間に津波が来てしまったのです。その結果、多くの命が絶たれ、今なお約八〇〇〇人に近い人たちが自分の家に帰れていません。しかしこの人災事故は誰も責任をとっていません。

事故のあった二〇一一年から六年が過ぎたというのに東電の幹部は誰一人罰せられていないのです（現在、裁判中）こんな事実に腸《はらわた》が煮えくりかえるような悔しさが、時々私を襲うのです。

この狭い日本をぐるりと五四基もの原発がとり囲んでいます。海洋プレートと大陸プレートの境界に日本列島はあります。世界でも珍しい地震国です。いつどこで大地震があっても不思議ではありません。その時は、テレビの中のあの平和は一瞬で消えてなくなります。ちょっと注意を向ければ、新聞、テレビ、雑誌の中にその危機を知る為の情報は充分にあるにもかかわらず、危機を感じている人は、国民の中でほんのわずかしかいないのです。

今でもあの時のショックを覚えているのですが、二〇一一年年の福島で原発事故があった年の夏、私の住む地域で市議会議員の選挙があったのです。事故のあった原発は今後、どのようになるのか、遠く飛び散った放射能の影響は本当のところどの程度なのか、初めての原発事故のショックが生々しい状況の中、不安で一杯だった私。そんな時期の選挙でした。　きっと、原発反対の政党が伸びる、あたり前のように信じて投票場に行きました。

しかし開票の結果は原発を容認している自民党が圧倒的多数で当選して、反対を訴えた日本共産党はたった二票でした。これが現実でした。そして、どんなに雄弁に正論を叫ぼうが、現実を無視しては何事も出発出来ないと思ったのです。

確かに国会への大きなデモや、会場にあふれた大集会を、時々テレビでみています。しかしやはりこれは全国民の中からみれば少数なのです。あなたの友人や家族や近所の人に聞いてみて下さい。安倍政権や原発に反対している人がどのくらいいるのか、いないのかわかるはずです。実際のこととして、選挙をやれば安倍政権を支えている自民党が多数の票を得ているのです。「共謀罪はテロを阻止する為には必要で、国や平和を守る為に自衛隊が武器を持って海外に出て行ってもいい。」とテレビの街頭インタビューで若者が答えていました。この声は決して特別なものではないのです。多数の普通の国民の声だと思います。

この現実。この現実を踏まえた場所からでないと、現実を打破出来ない。松川事件のときもそうでした。最初、圧倒的多数の人たちが「偉い裁判官がきちんと調べて判決を出したのだから……」と当たり前のように被告二〇名の有罪を信じたのでした。

しかし、長い年月をかけ権力も武器も持たない普通の人たちが結集した「松川運動」は、ついに裁判官を動かし、無罪判決を勝ち取ったのでした。私の記憶では日本の裁判史上初めてのことだったはずです。

つまり、横を向いていた多くの人たちの顔を、こちらに向けたのです。

今、安倍政権は国会で民主主義を踏みにじって、戦争への道に進んでいます。原発の危機に背を向けて再稼働の道へまっしぐらです。けれども多くの国民がこの現実を知ろうとしていません。横を向いて楽しい生活を送っています。だから安倍さんが「戦争なんかしませんよ。日本の平和を願っているのです。」とカメラの前で話せば、簡単に信じるのです。「平和を守る為に自衛隊は海外に行くのです。身を守る為に武器は必要なのです。テロは許せません。オリンピックを安全に遂行する為に共謀罪が必要なのです。このような事をスムーズに実行する為の秘密保護法なのですよ」

このような表の言葉だけを受け入れていると、気がついた時には、戦争になっています。戦争になってしまえば、私達は反対出来ません。何も言えなくなります。なぜなら共謀罪や秘密保護法は私たちに向かって使われるはずです。政府にとって都合の悪いことを言えば、これらの法律に必ず引っかかります。逮捕されます。うそだと思う人はこれらの法案の内容を調べてみて下さい。よーくわかるでしょう。

第二章

戦争って何？

戦争を言葉だけでとらえてはいませんか。戦争は物事が具体的に動いている現象です。それは殺人です。人が人を殺しても罰せられないのが戦争です。

その昔、太平洋戦争が終わっていない頃、映画監督チャップリンが死刑囚の言葉として「一人殺せば死刑になるけど一〇〇人殺せば英雄になる」と言わせた、すぐれた反戦映画を作りました。するとアメリカはチャップリンを国外追放にしたのです。殺人を正当化出来る理由はどこにもないはずです。簡単なことです。人は人を殺す権利などないのです。

しかし、今、この瞬間にも戦争という名のもとで人が殺されています。テレビのニュースから流れているではありませんか。特に小さな子供の死は、その映像を正視出来ません。病院や学校も爆撃されています。けれども罰せられていません。戦争だからです。戦場では、敵を殺さなければ自分が殺されるという状況になります。戦場で戦う兵士は、悪者でも非情な人でもありません。戦場に来るまでは普通の人です。その普通の人が変わってしまうのが戦争です。変われなかった人は気が狂います。今も昔も、戦場で精神異常になった人の話は山ほどあります。

ヴェトナム戦争（一九六五年から一九七五年）で、アメリカが派兵した兵士が帰国した後、戦場での恐怖が消えず、精神が不安定になり、社会復帰が出来ないことが大きな問題になりました。それはＰＴＳＤ（心的外傷後ストレス障害）といわれました。

最初、南ヴェトナムの内戦が続き、ゴ・ジン・ジェム大統領の仏教徒弾圧の残虐がたびたび問題になっていました。そして一九六五年からアメリカ軍の介入により、北ヴェトナム爆撃が開始され、ますますその残虐は増し、写真報道で世界中に事実が知られるようになりました。

日本でも、「アメリカはヴェトナムから出て行け！」と、反戦運動が起こりました。労働者、学生、そして何の組織にも属さない主婦や若者たちは「べ平連」（ヴェトナムに平和を！　市民連合）の旗のもとに集合して、大きなデモを連日のようにくり返していました。

忘れてはならないのは、あの時、日本にアメリカの基地がなかったら、アメリカはヴェトナム戦争を続けられなかったと言われています。沖縄からは、連日ヴェトナムに向かって戦闘機が飛び立っていました。日本国内の基地に、アメリカ兵の死体を運び、血やドロで汚れた体を洗い、ホルマリンのお風呂で消毒しビニールの袋に入れて、本国のアメリカに送り届けていたのです。日本のように、髪の毛一本や小さな骨のかけらだけで遺族に戦死を伝えればよかったのと違い、アメリカはその遺体を届けなければならなかったのです。

アルバイトの学生が週刊誌にこの事実を明らかにして、私たちの知るところとなったのです。当時の一般の人の給料が二万円ほどだった頃、一日一万円のアルバイト料に飛びついて行った先の仕事がさきほど述べた内容だったのです。朝五時頃、指定された場所に立っていると、窓のない車が止まって、外が見えない状態で連れていかれたのがアメリカ基地の中だったそうです。その青年は一日でそのアルバイトをやめたのでした。

アメリカが北からの侵入ルートを断つ為にヴェトナムのジャングル地帯一面をヘリコプターで無差別に「枯葉剤」(ダイオキシン)をまき散らしたのです。その結果として、戦後ヴェトナムには多くの「奇形児」が生まれ産声をあげることなく死んでいった小さな命が、今、ホルマリン漬けのビンの中にいるのです。ヴェトナム政府は病院内にビンを展示し、二度とこのような事が起こってはならないと、広く訴えています。今、ヴェトナムの観光旅行が盛んです。美しい風景を見ると同時にこの病院にも足を運び、戦争のむごさをその目で見て欲しいものです。

「岡村昭彦《おかむらあきひこ》」さんという、すばらしい報道カメラマンが一冊の本『南ヴェトナム戦争従軍記』で、ヴェトナムの戦場のありさまを日本にいる私たちに届けてくれました。

私は、人生をひっくり返されたような衝撃を受けました。そして「ヴェトナム戦争反対」

の渦の中に飛び込んだのです。

ヴェトナム戦争まっただ中、ホーチミン率いる北ヴェトナム軍は戦争中にもかかわらず、文化活動が盛んで、行進中の兵士の肩にギターがあるのを写真で見て、長期戦の構えを見せられた思いでした。その中で映画も作られていました。事実に基づいた一本の映画に感動したのを覚えています。

その映画の一シーン。ヴェトナムの婦人が爆弾を落としながら近づいてくるアメリカのヘリコプターに向って立ちはだかっているのです。手には小さな機関銃。ヘリコプターがギリギリ近づくのを待って、彼女はピタリとその銃口をヘリコプターに合わせ、銃の引き金を押さえていたその指に力を入れたのです。あっという間にヘリコプターは落下したのです。期せずして会場内から拍手が起こったのです。そしてそれはだんだんと大きくなり、やがて会場は拍手に包まれていたのでした。そして私もいつの間にか拍手を送る一人になっていたのです。何の関係もない見ず知らずの人たちが一つの思い（ヴェトナム戦争反対）だけで連帯したこの会場の空気。私は熱く感動したのでした。

しかし、その後、この時の感動を恥ずかしいと思うようになったのです。そこまでに二〇年の年月が費やされたのです。

ヴェトナム戦争の終った一九七五年は、私の長男が一歳になった時でした。その頃の私は結婚して母親になっていました。テレビや新聞を読む暇もないほど育児は大変でした。今考えますと、なぜあんなに忙しかったのか不思議です。一つの命が目の前にあり無事健康に育てなければと必死でした。二年後に次男が誕生すると、育児はますますその大変さが増加して、子供が熱が出て病院に行ったある日、私は病院の待合室で倒れてしまいました。

「どうしましたか」と医者に聞かれて、「子供の熱が心配で昨夜は一睡もしていませんでした」と答えたのです。一時間おきに子供の熱を計っていたのです。すると先生は「ダメですねぇ。母親はもっと強くならなければいけません！」と私の神経質な子育てを叱るのでした。自分の命よりも大切な子供の親となった私は、毎日、毎日が子供中心の生活になっていました。

そんなある日のこと、チラリと横目でみたニュースに「サイゴン陥落」の文字と、官邸の屋上に北ヴェトナムの赤旗がいくつもなびく映像があったのです。

「あぁー、やっとヴェトナムの戦争が終わった」との思いでした。

一九七五年、世界最強の軍事力を持つアメリカが小さな農業国ヴェトナムに敗れたのでした。その軍事力において、大人と赤ん坊の戦いと言われていました。アメリカは、あらゆる化学兵器の実験場として、有毒化学薬剤、毒ガス、神経麻痺ガス、細菌兵器、ナパーム、破砕爆弾等をヴェトナムで使用したのでした。

子供も大きくなり、再び私の生活に本を読んだり外出したりする時間が持てるようになったある日、それは突然でした。ハッと気づいたのです。

独身時代にみたあのヴェトナムの映画です。あのヘリコプターに乗っていたパイロットに思いを寄せたのです。墜落したヘリコプターに私たちは拍手を送ったけれど、亡くなったパイロットの死の陰で、何人もの人の悲しい涙が流されたはずだ、と。それは息子を失った母親の涙かもしれない。それは愛する恋人を失った娘の涙かもしれない。いや、父親を亡くした幼子の涙だったかもしれない。そんな思いが浮かんだ時、私は、かつてあの映画館で、ヴェトナムの婦人に拍手を送った自分を恥ずかしいと思いました。会場を包んだ拍手の嵐を恐ろしいと思いました。子育てをする中で、私は本気で命と向き合っていました。そんな日々の中で、命の尊さを現実のものとして捉えていました。独身時代、命の尊さを知識として語っていたような気がします。あの時、映画館で私は薄っぺらな正義感の中で、アメリカの人たちの涙を踏みつけていたのです。

私たちは、今日まで歴史の中に数えきれない戦争の悲劇を見てきました。にもかかわらず、今もなお世界のどこかで戦争をやってます。

私の尊敬する「むのたけじ」さん（ジャーナリスト）は、戦争について次のように言ってます。

「人類がイクサをやり始めたのは、うんとさかのぼっても五〇〇〇年このかたです。人類史の長さを七〇〇万年として、七〇〇万年を二四時間の時計に当てはめれば、戦争開始は二三時五八分五八秒です。このことは、皆で記憶し続けるべきです。「人間ってやつは根から争い好きで残酷だから戦争は無くせない」というマボロシ論を消滅させないといけない」（『希望は絶望のど真ん中に』）と言ってます。

また、私の尊敬する住井すゑさん（小説家、でも私は勝手に哲学者だと思っています）は語っています。

「核兵器は最大の凶器です。だけれど、決してこわくはないのです。こわいのは地震、雷です。天変地異、これは人間の力では防ぎようがないから。戦争や核兵器というのは人間の意志がつくったものです。人間がつくったものであれば、人間は止められるはずです。だから、戦争や核兵器はこわくなく、恐怖ではなく、これは悪なんです。悪なんだからやっつけなければならない。こわいというとらえ方では逃げるしかないから、消極的になってしまいます。その違いをわきまえなければなりません」（『いのちは育つ』）。

ここで、大好きだった岡村昭彦さん（報道写真家）の言葉を思い出しました。

「ぼくはどんな場合でも、たとえ五〇〇年先にでも、出来るとわかっていることは、不可能だとたじろぐような人生を生きたくないんです。民衆に、自分の一生のうちに出来ないことは、あきらめさせるようにしてきたのが権力者です。ぼくは戦争をつくりだそうという権力者を最後に池の中にたたきこみ、踏みつけ、重い石をつけて二度と浮かびあがらないように沈めてしまう為には「憎しみ百年」「うたぐり千年」という思想を、孫、子の代までたたき込んで永久に伝えてやろうと考えているのです」（『１９６８年　歩み出す為の素材』）。

岡村さんは、はるかかなた五〇〇年先まで、レンズを向けていたのです。

むのたけじさんも、岡村昭彦さんも、戦場を走りまわってきています。その経験の中から、戦争は絶対やるべきものではないと断言しています。

「やられたらやり返す」。これが戦争を止めることの妨げのひとつになっていると思います。この考えが続く限り戦争は永久になくなりません。報復は報復を生むのです。

二〇〇一年九月一一日、アメリカ、ニューヨークの「世界貿易センタービル」に飛行機が突っ込むという出来事がありました。夜、多分、九時か一〇時頃、そのニュースは日本の茶ノ間に生の映像として流れたのです。最初、私は飛行機事故と思って燃え盛る炎をみていました。見ている間に、今度は、もう一機の飛行機が突っこんできたのです。明らかにその飛行機が意志を持ってビルに突っこんだことを直感しました。そして、そのビルは約一時間後に砕けるように崩壊したのです。これを世界中の人が目撃者になったのです。

発生からわずか四八時間で、アメリカは「犯人」の名前と顔を特定したのです。一三日にホワイトハウスから「攻撃者の背後にいる」と名指しされたのが、ビン・ラディンでした。

しかしこの時点でアメリカは、攻撃した者は誰なのかを立証するはっきりとした、情報も証拠も持っていなかったのです。一〇月七日、アメリカはビン・ラディンの身柄を引き渡さないとの理由でアフガニスタンへの空爆を開始しました。そしてイラクへの空爆へと広げたのです。

この時、世界中の心ある人たちが立ち上がったのです。「アメリカは、報復の手段はとってはいけない」と、その空爆に反対したのです。

ブッシュ（当時のアメリカ大統領）はそれらの声を無視して空爆を開始しました。その時の日本の首相は小泉さんでした。小泉さんは国会で、野党の空爆反対に対し、声をはりあげて、アメリカの空爆に賛成の答弁をしたのです。その後ずっとアメリカの行動を支持したのですが、その理由が、アメリカが発表していた空爆の正当性をそのまま受け入れたものだったのです。

アメリカがイラクへの空爆を開始する時、その理由として、「フセインがイラクに大量の危険な武器をかくしているから」と言ったのです。すると小泉さんは「だから、アメリカがイラクを爆撃するのはあたりまえです」と、アメリカベッタリの答弁をくり返しました。しかし、アメリカがイラクを制圧して、イラク中をさがしたのですが武器はどこにもありませんでした。当然、国会で小泉さんが野党にその事（武器がなかったこと）を追求されました。すると小泉さんは悪びれることもなく「なかったのだから、なかったのでしょう」と平気な顔で、答にならない意味不明な答弁をしたのをテレビで見て、私はおどろきました。こんな非常識な人が日本の総理大臣をやっていていいのかと思ったのですが、しかし、今の日本の安倍首相はもっと非常識です。国会での答弁のひどさは、小泉さんより上です。アメリカベッタリの追従も上です。悪名高いトランプがアメリカ大統領に当選した時、世界中の誰よりも早くアメリカに飛んで行って握手をした時、私は日本人であることに恥ずかしさを感じました。

話が横道にそれてしまいましたが、「9・11」の後、アメリカが始めたアフガニスタン戦争とイラク戦争によって多くの市民が殺害、破壊され、又多くの軍人の恨みや報復心が生じたのです。それが中東にテロ組織を生み、多くの国々に混乱を起こしました。パレスチナ紛争の激化。中東、欧州、アジアで大規模なテロと続きました。そして「イスラム国」誕生へとつながったのです。

「9・11」後のブッシュ政権の誤った判断の罪は深く、重い。「イスラム国」のテロ手段は、今までにない凶暴さを世界に示しました。人質の首を公然と切り落とす殺害行為をくり返した「イスラム国」のテロ集団をみていると、人間はどうしてこのような残酷なことが出来るのだろうと、人間という動物の幅の広さに恐怖を感じ、心が暗くなり、未来までもが暗くなる思いを、私は必死に振り払ったのです。

この「イスラム国」に向かって、アメリカ、イギリス、フランス等の大国が「テロを撲滅する為に」と一見正論にみえる理由で、「イスラム国」のテロ集団が住んでいるとみられる地域を空爆しました。爆撃による煙がモクモクときのこ雲のように空高く立ち登っている映像がテレビから何度も流されていました。けれどもその雲の下には、市民の生活があったのです。これは人殺しです。「テロ退治」という正義の衣を身につけた殺人です。

人を殺すという事において、アメリカを先頭に大国がやっていることは、テロ集団がやっていることと同じではないでしょうか。理由によっては人を殺してもいい、などということがあってはならないと私は思うのです。

ここで思い出すのは、テレビで放映された一つの番組です。アフガニスタンでテロに挑んでいる若者のグループの話でした。山の中で訓練を受けていました。その中に一組の恋人同士がいました。ある日の市街戦で恋人の一方の女性が殺されたのです。深い悲しみをかかえて山にもどった青年を、その数カ月後にテレビカメラが追ったのです。彼は山ではなく街中にいました。小さな一室。そこは子供たちに勉強を教える教室でした。そして彼が静かに話した言葉とは。

「最初は彼女の敵討ちをする為に銃を握りましたがやめました。こんな事をしてはいけないと気づいたのです。なぜなら、報復は報復を生むだけです。負の連鎖が続くだけです」。

私は、ビックリしたのです。話をしている若者が老哲学者のように見えました。戦いのない社会をめざして、遠い道のりではあるけれど子供たちに銃を持たせるのではなく鉛筆を持たせていたのです。この時のすがすがしい感動を、何年も前のテレビでしたが今でも忘れられません。

遠く過去に目をやれば、アメリカのキング牧師やインドのガンジーがいます。二人の共通点は、非暴力の抵抗です。黒人への差別、貧困をなくす為戦った彼らは皮肉にもピストルの暴力で亡くなりました。暗殺です。ガンジーは三発のピストルの弾丸を胸にうちこまれた時、自らの額に手を当てたそうです。これはイスラム教で「あなたを許す」という意味の動作だったのです。

第四章

憲法って何？

「九条を守れ！」とか「憲法改正反対」という言葉をどこかで見たり聞いたりしていませんか。今、問題になっていることです。

なぜ憲法九条は守らなければならないのでしょうか。なぜ「憲法改正」はよくないのでしょうか。

ここでちょっと余談ですが、私、前々から気になっていることがあるのです。「憲法改正反対」という言葉です。

「改正」なら反対しなくてもいいのではないですか。憲法を正しく改めるならいいでしょう。政治に関心がない人ならそう思ってしまいます。「憲法改正」は憲法を変えようとしている政権の人たちが使っている言葉なのです。反対するなら「憲法改悪」になるはずです。改悪になるから反対するのではないのですか。私は「憲法改正に反対」とは一度も言ったことはありません。敵の使う言葉だからです。

本題に入ります。憲法って何ですか。改めて考えたことがないと思います。これ、普通の法律と大きく違うのです。それは、憲法とは私たちが守るものではなく、国が守るものなのです。私たち（国民）が、政府・権力に対して発する命令なのです。そして、政府・権力が国民に命令するのが法律です。そして、国民の命令と政府の命令がぶつかった時、常に憲法が優先するのです。憲法は一条から一〇三条まであります。

その九九条に、

「天皇又は摂政（政治を行う人、総理大臣）及び国務大臣、国会議員、裁判官、その他の公務員は、この憲法を尊重し擁護する義務を負ふ」とあります。

「この憲法を擁護する義務を負ふ」という所に「国民」という言葉はありません。もう少し言います。憲法とは、権力者から国民を守る為にあるのです。権力が暴走しないようにするブレーキの役目をするのです。大事なものです。ですから簡単に変えられては困ります。その為にハードルを高くしてあります。憲法を変える時の手続が明記されています。


憲法「第九十六条」

「この憲法の改正は、各議員の総議員の三分の二以上の賛成で、国会がこれを発議し、国民に提案してその承認を経なければならない。この承認には、特別の国民投票又は国会の定める選挙の際行われる投票において、その過半数の賛成を必要とする」

となっています。衆議院、参議院の議員の三分の二以上、そして国民の半分の賛成が必要なのです。今、安部首相はやたらと「憲法改正」を叫んでいます。野党も国民も何も言っていないのに安部首相だけが「やる。やる」とさわいでいます。いつ私たち（国民）が「憲法を変えたい」と言いましたか？　言っていません。それなのに自分たちがしばられている憲法を、自分たちが変えようとしているのです。構図がおかしいです。絵が逆さまです。もし変えるなら、それは国民が望んだ時です。憲法の一番初めに書いてあります。

憲法「第一条」

「天皇は、日本国の象徴であり日本国民統合の象徴であつて、この地位は、主権の存する日本国民の総意に基く」

となっています。いやですねえ。誰が書いたのか知りませんが、なぜこんな難しいものの言い方をするのでしょう。要するに主権は国民にあると言っているのです。国民主権です。今の安倍政権がやっていることは憲法の初めに主権を認められている国民が何も言っていないのに、憲法を守るようにと言われている本人たちが「変える。変える」とさわいでいるのです。

安倍首相は、もう本当にずっと前から憲法を変えたくてしかたがなかったのです。ねらいは憲法九条です。九条を何が何でも変える必要があったのです。それは、自衛隊を軍隊と認めて、アメリカ様のお手伝い（戦争）をしたいのです。自衛隊を海外に正々堂々と出さなければならないのです。それでは一体、なぜ「九条」があると安倍さんは困るのでしょう。

憲法　第九条

「日本国民は、正義と秩序を基調とする国際平和を誠実に希求し、国権の発動たる戦争と、武力による威嚇又は武力の行使は、国際紛争を解決する手段としては、永久にこれを放棄する。前項の目的を達するため、陸海空軍その他の戦力は、これを保持しない。国の交戦権は、これを認めない」

いやですねえ。安倍首相にとってはいやですよねえ。ここまではっきりと戦争を否定されたら手も足も出せませんね。

「日本国民は心から平和を望んでいて、国は戦争や武力によるおどしや、その武力を使って国と国の争いを解決しようなんてことはやってはいけない。永久にやってはいけない。戦争は認めない。その為に、陸軍も海軍も空軍もそんなものは持ってはいけない。戦力になるようなものは何も持ってはいけない」

安倍首相がいやがっている九条には、こんなすばらしいことが記《しる》されているのです。

ここで、ほんの少し横道に入ります。

私の大好きな、そして尊敬しているジャーナリスト伊藤千尋さんの講演の中の話です。

アフリカ沖の島、カナリア諸島には日本国憲法の九条を書いた碑があると言ったのです。

世界六〇カ国以上を取材してきた伊藤さんは二〇〇六年グランカナリアという島に飛んで行ったのです。その碑を確認する為に。

あったのです。本当に。幹線道路のそばに広場があり、その正面に畳一枚ぐらいの大きさで白いタイルに青い文字で日本の憲法九条の条文がスペイン語で焼き付けてあったのです。当時の市長が島にある日本の総領事館に行って「日本の憲法九条をスペイン語に訳してほしい」とお願いすると「はい、はい。」と言って訳してくれたそうです。すごい話ですね。日本から遠く離れたアフリカ大陸の北西、モロッコ沖の大西洋上にある小さな島で日本の憲法九条が、平和を願う人たちによって大切にされていたのです。

横道は終わり。安倍首相と憲法九条の話にもどります。

なかなか「九条」に手を出せないでいた安倍首相は「そうだ。憲法九条を変えるのではなく、内容の解釈で押しきればいいのだ」と思ったのです。

そうして安倍首相は国会で、民主主義を踏みにじり、憲法さえも無視し、強引に与党議員の数の多さを利用して強行採決をして成立したのが「安全保障関連法」です。集団的自衛権の行使を認めた法律です。これでやっと、自衛隊が堂々と海外に武器を持って出て行けることになったのです。憲法九条には指一本も触れることなく目的達成です。ここで私は「多数決の民主主義」という壁にぶち当たったのです。ここで思い出してしまいました。

また横道に入ります。

先にも述べましたが、アメリカで飛行機が突っ込んだ事件の後、アメリカ国民の動揺は大変なものでした。なにしろアメリカは歴史上、その大陸本土を他国から攻撃されたことが一度もなかったのです。しかし、あの「9・11」の時、ニューヨークのど真ん中のビルに、そしてワシントンの重要な国防総省の建物に飛行機が突っ込んで多大な被害を受けました。いきり立ったアメリカのその感情は、一気に愛国心となり一致団結したのです。その風潮の中、ブッシュ大統領はいろいろな法律を作りました。普段では絶対に通らないような、たとえば警察が市民の電話を勝手に盗聴出来る治安維持法みたいな法律などが「テロ対策」として成立してしまったのです。盛り上がった愛国心の嵐の中で、大統領に戦争の権限を一任するという法律も作ったのです。テロへの戦争をする権限を大統領に一任してしまったのです。アメリカ上院、下院両議員が満場一致みたいに可決しようとしていた時、たった一人が「ノー」と言ったのです。

伊藤千尋さんの話です。

バーバラ・リーという黒人の民主党の女性議員がこの法案に反対したのです。アメリカ国民が一致団結して進もうとしていた時、たった一人で両手を広げてストップをかけたのです。しかし、ここでも多数決による民主主義の前で彼女は完全に敗北したのです。この後、彼女に対するバッシングは大変なものでした。

「議員をやめろ」「アメリカ人をやめろ」「アメリカ国境から出ていけ」「死ね」「殺す」。

バーバラ・リーさんは、そんな脅迫をアメアラレと受けました。おどろくのはこの後の彼女の行動です。隠れたり、沈黙したりはしませんでした。堂々と人前に出ていったのです。そして説明したのです。なぜ自分が反対したのか、その訳をです。

「ヴェトナム戦争で、アメリカが北ヴェトナムに爆撃を開始した時、ジョンソン（当時の大統領）は、『北ヴェトナムがアメリカの軍艦を攻撃したから報復、仕返しをする』と言って空爆にふみきったのです。それを機にヴェトナム戦争はエスカレートして行きました。その結果、アメリカ兵が六万人近く、そしてヴェトナム人は何百万人も死んで、ヴェトナム戦争は泥沼化して悲惨な戦いが続いたのです。しかしあの時、北ヴェトナムはアメリカの軍艦を攻撃していなかったのです。そんな事があったではないか。それをまた繰り返すのですか。アメリカの大統領が歴史上、正しいことばかりをやってきた訳ではない。それをチェックするのが議会の役割です」と語ったのです。

その会場でバーバラさんの演説を聞いていた伊藤千尋さんは、前の方へ走って行き、壇上に飛び上って彼女にマイクを向けたのです。

「みんな賛成の一票を入れなければいけない雰囲気の中で、政治生命さえも失うかもしれない中で、どうして反対の票を入れたのですか。あなたの勇気の源は何ですか」。

すると彼女はグッと身を乗り出して、こう言ったそうです。

「自分は決して特別の勇気があるような人間ではない。普通で臆病な人間なんです。ただ責任を果たしただけです。合衆国憲法に議員の責任について書いてあります。その憲法に沿った行動をしたのです。私は自分の責任を果たしただけです」

すごいですね。本当に立派な人間というのは、このような所に何気なくいるのです。決して大舞台の上なんかではないのです。

私は、このような人を二〇一一年の東北の大地震で被害にあった人たちの中にも発見しました。

それは、まっ黒に日焼けした漁師の言葉だったり、それはまた、農地を耕す老人のつぶやきだったりと、その他いろいろな人たちの声でした。テレビカメラの前で語ったその言葉に、私は何度もおどろき、何度も感動したのでした。

その度に、「ああ、本当に立派な人間というのは、このような所にいるのだ。晴れやかな場所ではなく、こんななんでもないような所に静かに存在しているのだ」と思い知らされたのでした。

話が大きくそれてしまいましたが、バーバラさんのたった一票が実は正しかったのだと、後でアメリカ国民が気づくことになるのです。

多数決の危険性と、そして、少数意見の尊重なしに、本当の民主主義は達成出来ないとの思いをさらに強くしました。

第五章

安全保障関連法って何？

安倍首相が、民主主義を踏みにじって作った「安全保障関連法」の中にある集団的自衛権とはどのようなものなのでしょうか。

最初、私は集団で自衛するものなどと呑気に構えていたのですが、違うのです。集団的自衛権とは「密接な関係にある他国が攻められた時、自国が攻撃されたとみなして反撃する権利」のことなのです。つまり、自分の国ではなく、他の国が攻められても攻撃出来るということです。とんでもないことですよね。

でも安倍首相は法案が閣議決定した時、記者会見で「米国の戦争に巻き込まれることは絶対にあり得ない」と断言したのです。無責任な発言です。アメリカと日本は戦後からずーっと「日米安全保障条約」で固く結ばれています。狭い日本に広々としたアメリカの基地があるのも沖縄の七〇パーセントがアメリカの基地なのも、辺野古に飛行場を作る事に反対する知事を住民が選んだというのに、その沖縄県知事の言うことを何も聞かないで飛行場を作っているのもぜーんぶ、この「安保条約」があるからです。そんな仲良しのアメリカが攻撃されたら、日本は助けに行くのは当然だと言うのです。そしたら敵国は日本を攻撃するでしょう。そしたら「集団的自衛権」の法律で武器を使っていいと言っているのですから喜んで使うでしょう。安倍首相は、これでも絶対に戦争にはならないと言っているのです。信じられますか？　それではその根拠はどこにあるのかと聞かれてもその説明をしていません。この人（首相）、都合の悪いことは質問をはぐらかして逃げます。

その一つの例です。

国会で日本共産党が「日本が敗戦の時受け入れたポツダム宣言をもとに、過去に日本がやった戦争を間違った戦争と認めますか」と質問したのです。

安倍首相は認めるとも認めないとも答えないで、言葉のあやで逃げたのです。彼は「私はまだその部分をつまびらかに読んでおりませんので、承知しておりませんから、ここで直ちに論評することは差し控えたい。」こう言ったのです。

日本共産党は論評を聞きたいと言ったのではありません。認めるか、認めないかを聞いたのです。安倍さんは認めるとは言いたくなかったのです。認めないとは国際上言えません。それでは、安倍首相がどうしても答えたくなかったその「戦争」とは、何だったのでしょう。それは、中国、朝鮮、他のアジア諸国でやった日本の「侵略戦争」のことです。民間人や子供を含む何十万人の人たちを殺しました。数えきれない残酷な悲劇が生じました。関連本、文献を調べてみてください。そして、かつて日本がアジアで何をやったのか、その事実を知ってください。

こんな重大なことが、国会では何も問題にされず、「ハイ、次の質問は」で流されてしまったのです。少数の議席しか持っていない日本共産党の発言は、たいていこのような形で処理されています。多数決だけの「民主主義」ではこうなるのです。多数が正義となるのです。これが今の日本の国会です。

二〇一五年に安倍首相は集団的自衛権の説明をこのように言いました。

「『アベシンゾウは生意気だから殴ってやる』と言ってる不良がいる。友達のアソウさんが『オレけんか強いから守ってやるよ』二人でいたら不良がアソウさんに殴りかかってきた。アベシンゾウもアソウさんを守る」。

こんな、例え話で説明したのです。

まず、国と国の問題を個人と個人の友達関係で説明するのはまちがっています。なぜなら国と個人は異質です。同質でないのに、同質として、国と個人の言葉を使っています。アベシンゾウとアソウが不良とケンカをしてもケガするのはこの三人だけです。国と国がケンカ（戦争）をすると、ケンカ（戦争）をしていない人もケガをしたり死んだりします。また、ケンカの相手を最初から不良と言ってます。相手の国を最初から悪と決め付けているのです。ここに話し合いの余地が全くありません。アベシンゾウとアソウが絶対的に正しくて、不良は悪でやっつけなければいけないと、単純なものの見方しかしていません。アベが不良から生意気だと言われているけれど、本当に生意気なのかどうかを調べもしないで、すぐ助けに行きます。日本政府がアメリカに追従している姿を、うっかり自ら暴露したのでしょうか。

もう一つの「たとえ話」があります。

抑止力の説明です。安倍首相は「一般のご家庭でも戸締りをしっかりとしていれば泥棒や強盗が入らない。戸締りもしないで開け放って寝ていたら『捕まらないし簡単な仕事だな』と泥棒や強盗が入ってくる」

このようなことを言ったのです。

これもやはり、国家と一般家庭を同じものとして扱っています。家庭は家族だけが住んでいます。国家は家族の集合体です。別物をあたかも同じだというように話しています。ここに安倍さんの欺瞞《ぎまん》がかくれているのです。そしてやはりここでも、相手国を「泥棒、強盗」と言っています。問答無用で相手を「悪」と決めつけています。これを裏がえすと、こちらは常に正しいということになります。

一番問題なのは「家庭の戸締り（かぎ）を、抑止力のたとえにしています。「かぎ」は小さな物体です。動きません。抑止力は「武器」です。いざとなったら動きます。そして物を破壊したり人間を殺したり出来ます。かぎはどう使っても人を殺したり出来ません。

安倍首相は、なぜこんないいかげんでお粗末で幼稚なたとえ話を真面目な顔で話すのでしょう。こんな人が今、総理大臣として通用しているのが現実です。こんな現実を壊したいので、私はこれをムカムカしながら書いています。

自衛隊が海外で行う後方支援の活動地域についてこれまでは「非戦闘区域」と規定されていましたが、安倍首相はこれを廃止しました。そして「現に戦闘行為が行われている場所でない限り」と変更（二〇一四年七月の閣議決定）したのです。言いかえれば、戦闘区域でもその時戦闘が行われていなければいいのです。そうやって、だんだんと自衛隊を戦場へ近づけているのです。地理的なことだけではありません。最初は燃料補給だけでしたが、弾薬提供など支援内容も拡大しています。

日本共産党が「弾薬を提供すれば戦闘部隊への補給を断つ為に、自衛隊はまっ先に攻撃される」と、戦闘に巻き込まれる危険を指摘すると、安倍氏は「（攻撃される）その可能性が一〇〇パーセントないと言ったことはない」と答えたのです。

可能性ありを認めたのです。このひらき直りにおどろきです。そして彼は「最大限安全を確保している。」と締めくくったのです。彼は確か以前に「安全保障関連法案」の説明の時、何度も「戦闘に巻き込まれることは絶対にありません。」と言っていたのにです。

この人、うそつきなのか一貫性がないのか、個人的なことならいいのですが、国のことに関してこのような態度は当然ですが許されません。なぜこんな人が今まで何年も総理大臣の席に座っていられるのか。与党の議員もおかしいと思わないのでしょうか。

日本共産党は「弾薬や燃料の補給は国際的には兵站《へいたん》（軍事補給）と呼ばれていて、戦闘行為の一部であり、武力行使の活動だと国際社会にみなされている」と反論。

しかし、こんな重大なことがやはり「ハイ。次ぎの質問」の議長の一言で何もなかったように流されてしまいました。日本共産党の指摘なんか、安倍首相にとって、痛くもかゆくもないのです。なにしろ、少数議席しかない政党ですから。

国会で審議中の時、安全保障関連法に関して与野党が、参考人として国会に呼んだ三人の憲法学者が、集団的自衛権について質問されると三人がそろって「憲法違反」と言いました。これには、私はおどろきましたが、自民党もおどろいたのです。そのはずです。自分たち（自民党）が推薦した参考人が、まさかの「違憲」を口にしたのですから。

後で国会対策委員長の佐藤氏は「参考人を甘く見る傾向があった」と、自民党の考えを代弁してくれるとばかり思っていたことへのうらみ節。そして「憲法学者が決める話ではない」とまで言いました。

参考人の意見を参考にしないではねつけるのなら、なぜ国会に呼んだのでしょう。呼ぶ必要はなかったと、誰もが思うでしょう。

「国会の参考人が違憲と言ったものを、政府が間違っていると言うのは問題発言だ。国会の参考人の陳述は重く受け止めるべきだ」との野党の抗議も、安倍政権にとっては、「どこ吹く風」で、法案成立に向かって前進するのみでありました。

今までの歴代内閣は、憲法上（憲法九条）、集団的自衛権は行使出来ないとしてきました。しかし、ここにきて安倍政権が、「行使出来る」と変更したその理由を「安全保障環境の根本的な変容」といった説明をしています。説明になっていません。どのような環境の変化がどの程度具体的に進んだのかを説明すべきです。そして、環境が変われば黒を白にしていいのだろうか、国の方針をそんなにコロコロと変ええていいのだろうか。納得いきません。政府は、集団的自衛権の正当性の根拠として、五八年前（一九五九年）に出た最高裁の「砂川事件」の判決文を引用しているのです。

では、砂川事件とはどんなものだったのでしょう。そしてその判決の内容はどうなっているのでしょう。

一九五七年、東京の砂川町（現・立川市）の米軍基地拡張に反対した大学生たちが基地に入ったとして七人の学生が起訴されました。東京地裁が二年後の三月「米軍駐留は憲法九条に違反する」として全員に無罪を告げたのです。この画期的な判決は大きなおどろきでした。この判決通りになれば、日本中にあるアメリカの基地から、米兵は全員帰らなければなりません。もちろん、沖縄の基地もです。この、新しい時代を開くような判決に、平和を願っている人たちは大喝采。そして、この判決を出した裁判官の正義を貫いた勇気をたたえる気持を込めて、伊達秋雄《だてあきお》裁判長の名をとって、後々まで「砂川判決」を「伊達《だて》判決」と呼んだのでした。

しかし、検察側は最高裁へ跳躍《ちょうやく》上告したのです。普通の裁判では、地裁から高裁に行ってそれから最高裁へと進むのですが、高裁を通らないで直接最高裁へと、聞いたこともない「跳躍上告」をしたのです。いかに「伊達判決」に、米国と日本政府があわてていたかがわかります。ちなみに跳躍を辞書でひくと「走り高とび、走り幅とび、棒高とびをまとめていった呼び名」とありました。どれだけ高く飛び上がって、むりやり判決を出したかがわかります。そしてこの年の九月、最高裁長官の田中耕太郎氏は、「伊達判決」をひっくり返したのです。

「憲法九条は自衛権を否定しておらず、他国に安全保障を求めることを禁じていない。外国の軍隊は憲法九条二項が禁じる戦力にあたらない。安保条約は、高度な政治性を持ち『一見極めて明白に違憲無効』とはいえず、司法審査になじまない」。

もう一度、この最高裁の判決文を読み直して下さい。どこにも「集団的自衛権」の言葉は出てきていません。これ、忘れないで下さい。

それから、前述した「憲法九条」の所を読み直して下さい。どこにも「自衛権」の言葉は出てきてません。みんな勝手に都合のいいように憲法を解釈して、これが憲法だと言っているのです。

まず、最高裁の田中長官は安倍首相より四八年も前に、「解釈憲法」を作り出していたのです。憲法九条で使われていない言葉を使って、「自衛権」を認めました。また、「九条」ではその事を何も語っていないのに「他国に安全保障を求めることを禁じていない」と、米軍による日本国内の基地を認めました。

これはすべて解釈から生まれています。

この田中長官は、「松川裁判」でも非常識なことをやったり、発言したりした人です。

彼は松川の被告たちを最初から最後まで有罪と決めつけて、奔走していました。広津先生をはじめ松川裁判に疑問を持った人の声を「雑音」と言って退け、裁判官たちに「裁判官は世間の雑音に耳をかすな」と訓辞しました。列車転覆の謀議《ぼうぎ》（計画や手段の相談）が根こそぎ崩れて松川事件そのものがなくなってしまった「諏訪メモ」の物証が出た時も「諏訪メモなんか重要でもなんでもない」と切り捨てました。スワメモを隠しつづけて、被告たちを有罪にしようとした事が明らかになっても、検事側のその重大な誤りを咎《とが》めもしませんでした。そして、一九五九年の最高裁での「仙台高裁に差戻す」という、無実に限りなく近づいた判決の時、田中長官は、反対意見書を書いて、最後の最後まで松川の被告たちを有罪にしようとしました。「伊達判決」を葬り去った田中長官とは、こんな人だったのです。

それでは、集団的自衛権がなぜ一九五九年に出た最高裁の判決で正当化されるのでしょう。それは、田中長官の「憲法九条は自衛権を否定しておらず―」の所です。その所を引用して「最高裁は個別的、集団的を区別せず、自衛権を認めると言っているのだ、というのが政府の言い分です。もう一度いいます。自衛権を認めるというのは、そこに集団的自衛権もはいっている、と政府は言っているのです。そして「だからあの最高裁の判決で集団的自衛権は認められている、と言うのです。

「砂川判決」で田中長官は、憲法九条に記されていない「自衛権」という言葉を勝手に入れて、「自衛権」が認められていると主張し、安倍政権は、「砂川判決」に記されていない「集団的自衛権」の言葉を勝手に入れて、「集団的自衛権」は認められていると主張しているのです。二つとも、拡大解釈をして、ありもしない言葉、「自衛権」と「集団的自衛権」を主張したのです。こんな事が通用するなら憲法や裁判の判決なんて、どうにでもなって、その存在の意味はなくなります。

言っておきますが、この「砂川事件」の裁判は、そもそも、「基地」の問題から発生したのです。そして「伊達判決」で「米軍が駐留する基地は憲法九条に違反する」と告げたのです。それに対し、田中長官が「憲法九条は、他国に安全保障を求めることは禁じていない」として米軍基地が憲法違反ではない、と言ったのです。ここに、「集団的自衛権」など問題にもされていません。

安倍政権が自分たちの目的達成の為にこんなこじつけの解釈をして憲法や裁判判決を踏みにじっていることに、私たち（国民）は、もっともっと怒るべきです。

もう一つ、とても大事な話があります。二〇一三年に発見された米国の公文書で、田中長官と駐日米公使がひそかに意見交換をしていたことが明らかになったのです。田中長官は判決を出す前から、判決がいつごろになって、内容は全員一致で一審判決（伊達判決）をひっくり返してみせますと、米国大使のマッカーサーに約束していたのです。そしてその通りのアメリカが望む判決を出すと、マッカーサーは田中長官をほめたたえたのです。

この新しく発見されたアメリカの公文書の事実をふまえて、一九五九年、砂川事件の被告とされた本人やその家族が、二〇一四年に裁判のやり直し（再審）を請求しました。

政府は、こんなきたなく汚れた「砂川判決」をたった一つの錦の旗として、集団的自衛権の正当性を主張したのです。厚顔無恥としか申し上げられません。

これを書きながら、私は初めて気づいたことがあるのです。

それは、もしも一九五九年のあの時、最高裁長官が田中耕太郎氏ではなく、まともな人間で勇気のある長官であったなら、「伊達判決」は生き残ったかもしれません。

そうしたら沖縄の農民たちが、自分の畑を、突然にやってきたアメリカのブルドーザーでつぶされて基地にされなくてすんだはず。可愛かった幼いあの女の子が米兵のトラックにひかれて、路上に置き去りにされなくてすんだはず（一九六五年　沖縄で米軍のトラックにひき殺された女の子三歳が両手を広げて空を見た姿で寝かされ、ポツンと路上に置き去りにされている写真が発表され、人々にショックを与えた）。何人もの女性が米兵に乱暴されて殺されずにすんだはず。沖縄の人たちがこんな数々の悲劇を耐え忍ばなくてもすんだはずなのです。

そしてまた、ヴェトナム戦争で一〇〇万に近いヴェトナム人の尊い命が消えなくてすんだはず。なぜなら、「沖縄の米国の基地がなかったら、アメリカはヴェトナム戦争を続けることは出来なかった」と言われていたのです。

たった一人の非常識で卑劣な人間の為に、国の歴史の方向が、ガラリと変わってしまうことがあったのだと、初めて気づいたのです。歯ぎしりをする思いです。

第六章

オリンピックはなぜやるの?

二〇二〇年に東京でオリンピックが開催されることになっています。先に申し上げておきますが。「不愉快です。」「腹をたてています。」最初に「東京オリンピック」を言い出したのが元都知事の石原慎太郎氏です。彼が現役だった頃、盛んにメディアの前でアピールしていました。その後を受け継いだのが猪瀬都知事と舛添都知事でした。二〇一三年の九月のある晩、テレビがオリンピック開催地が東京に決定したと報じました。そして、いつの間に行ったのか、現地の会場で多くの日本人がバンザイ、バンザイと叫んでいるのです。抱き合って泣いていました。

この瞬間、私は猛烈に腹が立ちました。吐き気がするような不快感が私を襲ったのです。バンザイを叫ぶその人たちの後に、二〇一一年の津波や原発事故で亡くなった人たちの亡霊が延々と続いているのが見えるような気がしました。

あの大地震から、たった二年しかたっていないのです。津波で帰って来ない子供や肉親の姿を追い求めて、せめて体の一部だけでもと、海岸やドロと化した地面を掘り起こしている人たちが、まだいるというのに。避難した人たちが狭い仮設住宅で病気になったり、自殺したりと、そんな苦しい生活を今だに送っているというのに。テレビの中のこの人たちは無邪気にも、「バンザイ、バンザイ」と叫んで泣いていたのです。大津波や原発の恐怖が、東北から遠く離れて生活していた私たちにも、生々しく消えずに残っていたというこの時期。あの人たちはいつからオリンピックの準備をしていたのでしょうか。せめて、小さじ一杯の優しさがあったのなら、オリンピックのことよりも、東北の人たちの一日も早い復興を願わずにはいられなかったはず。オリンピックでかかる費用をぜーんぶ東北の災害にあった人たちの為に使ったなら、家を流されてしまった人や、原発事故で帰れなくなった人たち全員に、新築の家をプレゼント出来たはず。船を流されたり、建物がなくなって事業が破綻してしまった人たちへ、充分な復興支援金を全員にプレゼント出来たはずです。

その証拠となるオリンピックにかかる費用の金額の数字を申し上げます。

その前に、忘れてはならない事がありますのでその話を先にします。オリンピックを東京で、何が何でも開催しようとした安倍首相が世界に向かってついた「うそ」の話です。

あの時、会場のマイクの前で、安倍首相は言ったのです。「福島原発事故で発生した汚染水問題は解決しています」と。「アンダー・コントロール」とはっきり言ったのです。

これは、うそです。根拠のない話です。原発事故以来、溜まり続けていた汚染水は深刻な問題となっています。東電は地下水槽と表現していましたが、汚染水をためていたのは、穴を掘って遮水シートを張り、上蓋をかぶせた貯水槽だったのです。

二〇一三年四月（東京オリンピックが決まる前）に、そこから汚染水がもれていたのです。四月一〇日の記者会見で東電は貯水池ではなく、タンクに汚染水を移送する計画を発表。以後、ドンドンタンクの数が増え、原発の敷地はタンクだらけになってしまいました。その上、タンクからの汚染水もれの事故が続きました。即効性のある対応策がないままの状態が続いています。

・・・

二〇一五年二月二六日の新聞に「汚染水流出憤る地元」という大きな見出し記事がありました。福島第一原発から港湾外の海に汚染水が流れていたのです。そして東電はこれを公表していなかったのです。地元からは一斉に反発の声が上がりました。雨が降るたびに排水路の水の放射性物質濃度が高まることを、東電は定期測定で知っていたにもかかわらず、公表しなかったのです。

八月の測定では、ベータ線を出す放射性物質で通常の一〇倍以上の約一五〇〇ベクレルを検出しました。これに対し漁業者から「なぜ黙っていた」「情報隠しだ」との声が相次いだのです。新聞には深々と頭を下げる東電幹部の写真がありました。

こんなはっきりした安倍首相の「うそ」が、国民の間でなぜ黙認されているのか、不思議でなりません。普通の人がこんな「うそ」をついたら、二度と社会に出られません。誰からも信用されなくなります。そう思いませんか。

もう一つ。決定（東京オリンピック）を知った時、私は大きな心配をかかえました。地震学者が、今後高い確率で大地震が起こることを発表していたのです。その中には、東京の直下型地震も含まれています。そんな発表にビクビクしていた私は、この東京オリンピックの開催中にその地震が来たらどうするのだろうと思いました。東京は想像を上回る、火の海となるでしょう。外国から来た選手もお客さんもみんな火の海の中です。まさに悪夢です。

はっきり言える事はオリンピックの時に、大地震が起こらないと断言出来る人は一人もいないということです。大地震は起こらないかもしれませんが起こるかもしれないのです。それが現実なのです。国際オリンピック委員会（ＩＯＣ）は、このような事をふまえて、多分許可しないだろうと私は当然のように思っていました。よほどのお金が動いたのだろうと思います。愚かですね、人間って。

それでは、オリンピックをやらないでその費用をすべて、東北で被害にあった人たちに使ったなら、流された家、こわされた建物、ぜーんぶ新しいのをプレゼント出来るのに。

という、証拠の数字（金額）を述べたいと思います。

最初、オリンピックを騒ぎはじめた石原氏は、前にオリンピックを開催したことがあるから、使えるものは新しくしないで利用する。規模もコンパクトにする。三三会場のうち二八会場を半径八キロ圏内に収めて世界一コンパクトな大会にするので費用も少なく出来る。と言っていました。後を引き継いだ猪瀬氏も舛添氏も知事はみんな「お金をかけないオリンピック」を強調していました。それでも招致時の開催費用は七三四〇億円でした。

しかし次ぎの年（二〇一四年）になると、森喜朗大会組織委員会会長は、「資材や人件費が高騰していますので一兆円以上のお金になるのではないでしょうか」といいました。一気に二倍弱の金額です。しかしこれで驚いてはなりません。

また次の年、森会長は言いました。「最終的には二兆円を超すかもしれません」と。

驚きは続きます。

同じ年の九月三〇日、新聞の一面に「東京五輪費用三兆円超」との見出しに目を疑いました。この時の都知事は小池百合子氏に変わっていました。

新聞の記事によると、小池都知事が選んだ大学教授らのチームが「二〇二〇年東京五輪・パラリンピックの総費用を「三兆円超の可能性」と示し、大幅な計画見直しを迫った」とありました。そして小池都知事はこの報告を聞き「きわめて客観的で、経営的手法での分析。全体像を見せてもらい、非常にわかりやすかった」と話したのです。

私はまた驚きました。今度は経費の数字ではなく小池都知事の矛盾した言葉です。少し前の七月、まだ都知事選のまっただ中、ますます増え続けるオリンピックの経費を批判して小池氏は「一兆（丁）や二兆（丁）と、お豆腐屋さんじゃない」と皮肉ったばかりだったのに、自分が選んだ調査チームの三兆円超の大幅アップの計画を客観的でわかりやすかったと認めたこの矛盾。

本当に、東京オリンピック開催までの道のりは、私たち（国民）の理解しがたいもののようにみえます。ガラス張りでない所でどんどん進んでいるのです。詳しい説明のないまま、一千億単位で数字が増えたり削られたりして、現在（二〇一七年六月）では、開催経費は一兆三八五〇億円となってます。「お金をかけないでコンパクトなオリンピックを」と言った招致時の開催費用の約二倍になっているのです。小池知事が当選した時点で、東京オリンピックの返上は可能だったと思います。しかし小池氏にはＩＯＣに中止の通告をする意志も勇気もなかったのです。

一九六四年の東京オリンピックの時、私は職場が原宿駅のすぐそばでした。代々木競技場が近かったので、開会式の時、大空に自衛隊の飛行機が五輪の輪を描いたのを職場の屋上で見ました。その時、「ああ、今日はオリンピックの開会式だったのか」と気づいた程度の関心でした。私のまわりでもオリンピックはそれほど話題になっていませんでした。ただ、テレビや新聞が連日、うるさいほど報道していたように思います。

今回のオリンピックも開催されたら、テレビ、新聞が大さわぎするのではないかと思うと、うんざりです。東京オリンピックは、いつ誰が進めたのでしょう。私たち（国民）は、事前に国からも東京都からも、オリンピックをやった方がいいのかどうか聞かれていません。何パーセントの国民が賛成しているのか調べもしないで、ある日突然の「バンザイ」です。そして、一旦決定すると、国民みんな、喜ぶのがあたり前のようなムードになっています。平和の祭典でめでたいことを、反対するほうがおかしいという雰囲気です。テレビでも新聞でも「オリンピックなんか興味ありません」とか「反対です」などという声は、ひとつもないのです。おかしいと思いませんか？　この現象。不気味さを感じています。

前の東京オリンピックはどうだったのでしょう。ここに一枚の写真があります。一九六一年七月ごろの渋谷区です。木造住宅の並ぶそこには「オリンピック道路を作るな」「立退き絶対反対」そんな大きな看板が並んでいます。当時、オリンピックに向けて、都では五輪道路が三四路線（六三キロ）作られました。道路建設で買収した用地、六六万平方メートル。移転を余儀なくされた家屋は約五六〇〇棟になり、約二万人が立ち退いたことになりました。立ち退きを拒む住民運動が各地で起こりました。どの程度の立ち退き料が支給されたのかわかりませんが、住民たちの多くの反対を押し切って、六三キロにもなる「五輪道路」は作られたのです。

世田谷三軒茶屋にあった靴屋の店主が、立ち退きを苦に自殺しました。「来年中に立ち退かなければならなくて、妻子と一五人の従業員を抱え、どうしていいか悩んでいた」と話していたのです。

都民の納得を充分に得ることもなく、オリンピックありきで無理やり事を進めたのでした。決して、バラ色だけのオリンピックではなかったのです。

そう言えば、今回の二〇二〇年のオリンピックに関しても死者が出たのです。二〇一七年の夏、テレビが、オリンピック競技場の工事作業員が自殺していた事を報じたのです。二〇〇時間を超えた残業とありました。この競技場は、ほぼ決まっていたものが、デザインが贅沢で費用が高すぎる等の問題が出て、すったもんだの結果、工事が一年二カ月の大幅な遅れでスタートしたのです。その遅れを取り戻す為に、工事を急がせていたのです。こんな時、いつもしわ寄せを受けるのが現場の工事作業員なのです。

そしておどろいたことに自殺したのは、二〇一七年の春だったのです。その後、気をつけていたのですが、新聞でもテレビでもこの件については何も報道されていません。後で何かの力が働いているのか、それとも、たいした問題ではないと捕えているのか、もしそうだったら鈍感です。

オリンピック組織委員の偉い人が言っていました。

「オリンピックを成功させて、東北の人たちを元気づけたい」と。

もう、私には返す言葉がないのであります。

第七章

選挙が日本を決める

選挙と聞いただけで、自分とは関係ないと首を横にふる若者が多いのではないでしょうか。ちょっと待って下さい。

選挙、実は私たちの生活に深く関係しているのです。こちらが無関心でいても、あちらから近づいてきて、私たちの生活をがんじがらめに縛っているのです。ただ私たちが気づいていないだけなのです。税金払っているでしょう?お給料から勝手に引き出されています。これが引かれていなければ生活楽なのにと思ったことありませんか。間接税、これ知らないまま払っていますが、結構な金額になるのです。病気にならなくても、高い保険料払っているでしょう? その他、たくさんのことが国会で決められた法律の結果なのです。そしてこれに反すると、罰が待っています。逃げることは不可能です。この法律、ぜーんぶ国会で決めています。

国会とは、あなたたち一人ひとりが選挙で選んだ国会議員が集まっている所です。

今、残業時間が国会で時々議論されています。しかし国会で国会議員たちが決めた法律で何が起きているかと言えば「過労死」です。死に追い込まれるような労働環境を国会議員の皆さんは放置していることになります。

私たち(国民)の生死に関係することをこの議員たちが国会で議論して決めています。

国会議員の一人一人が労働者の権利を大切に守ってくれていれば、死ななくともすんだ労働者が一杯いたはずです。

今、内閣総理大臣が国会の中で、民主主義を踏みにじり、憲法を無視し、うそをついて事を進めています。その顔は、企業やアメリカに向いていて、国民には向いていません。そんな総理大臣が、国会の中の議員たちに守られています。その数、議員総人数の半分以上です。これ国民が選挙で選んだ人たちです。だから選挙が大事なのです。こんな議員をすべて国会から追い出せば、日本、まちがいなく、平和で安心して豊かに暮らせる国に変わります。どうやって追い出すか、それが選挙です。選挙でしか追い出せないのです。

それでは、選挙についてもっと詳しく考えてみましょう。

その前にちょっと。二〇一八年に選挙（投票）出来る年令が二〇歳から一八歳に引き下げられました。高校生が選挙することになったのですが、授業でどこまで先生が話せるかが議論されています。問題が山積みです。今の政府でいけば教師の言論の自由が増々せばめられると、容易に想像がつきます。それをはねつける意思も力も今の学校の中にはないように思います。教師は多分政府の介入に萎縮するだけだろうと思います。

そんな中で、一番被害を受けるのは生徒です。生徒が正しい選挙や正しい歴史認識を学ぶ機会のないまま、誤った方向に進むことが心配でなりません。後でまた書きますが、私、今の「学校」に絶望に近い思いを持っています。

話を選挙に戻します。選挙というと、民主主義の代表選手のような響きを感じます。そして選挙で選んだのだから正しい結果が出ると思ったら、大きな誤りです。選挙であっても、そのやり方次第で結果が違ってくるのです。選挙には、大選挙区制、中選挙区制、小選挙区制があります。大選挙区制は字のごとく大きな（広い）地域から多くの議員を選びます。中選挙区制は大選挙区より少し狭くしてた地域から議員を選出します。だいたい五名くらいです。私が選挙権を持ってからずっとこの中選挙区制でした。途中（一九九六年）から小選挙区制になったのです。小選挙区制とはやはり字のごとく、選挙区を小さく分けて、一人だけの当選にしたのです。一等賞になった人だけがほうび（当選）をもらえるしくみです。

小選挙区制の危険なからくり

それでは小選挙区制で選挙をすると、どんな結果になるかを話します。一言でいいますと、三〇パーセントの票を得たとします。すると国会では六〇パーセントの議席がとれるのです。一等になった人だけが当選するしくみですと、こうなるのです。ですから大きな政党は勝ちめが大きく、小さな政党は、ほとんど当選出来ません。なぜこうなるのでしょう。数字を使って説明します。

その前にちょっと、私の経験を聞いて下さい。

実は私、小選挙区制が導入されるかもしれないと騒がれた頃、小選挙区制を知る為の勉強会にわざわざ電車に乗ってノートとペンを持参して会場に乗り込んで行ったのです。講師も一生懸命に黒板まで使って説明してくれたのです。しかし会場を出た時の私の頭には何も残っていなかったのです。熱心に講師の説明を聞いてはいたのですが、何が何なのか、私にはむずかしすぎて理解出来なかったのです。ただ、「これは反対しなければいけない事なのだ」という事だけを頭にたたき込んで帰ったのを覚えています。それから何年も過ぎた頃、ある冊子に載っていた小選挙区制の説明を読んだ時、初めて小選挙区制のひどさに怒りをおぼえたのです。その後、この怒りは選挙のたびに再燃するのでした。

それでは私の友人である中村さんの小選挙区制の説明文をそのまま引用します。が、その前にちょっと。

ここだけの話ですが、私、高校を卒業する時、クラスで五〇人中、四六番目の成績でした。早く言えばビリから四番目です。ですからこの小選挙区制の解説も読んで理解することが大変でした。ゆっくり読むことです。一行一行かみしめて読みました。そしてわからない時はもう一度読み直したのです。そしてから次の行に進むのです。そうしたらわかったのです。解読出来たのです。四六番目の私が出来たのですから、あなたにはきっとわかるはずです。読んで下さい。

「二〇一二年の衆議院選で説明します。この選挙の投票率は59・62パーセントです。そのとき自民党（安倍政権）の得票率は27・62パーセントですが、二九四議席を獲得しました。その数は衆議院の全四八〇議席の61・3パーセントにあたります。もし公正な選挙であるならば、自民党の得票率27・62パーセントに合わせて議は配分されるべきです。しかし現実はこの得票率27・62パーセントをはるかに上回る61・3パーセントもの自民党議員が選ばれているのです。正当な選挙は当選率と投票率が一致するはずですから一となります。数で比較すると三割で六割の議席を得るという不正です」

「二〇一二年の総選挙は投票率59・31パーセント、そのうち自民党への得票率は27・62パーセントですから、全有権者の安倍内閣への投票の割合は、〈0.5931×0.2762×100＝

16.83〉で、たった16パーセントの人しか安倍内閣を信頼していないことになります。一〇〇人のうち一六人しか信頼していない内閣がいま日本の政治をやっています。ところが、新聞、テレビでは内閣の支持率は50パーセントを越えていると論じています」

「日本の人口は一億二五〇〇万人、その八割が有権者で約一億人、投票率は六割ですから選挙には六〇〇〇万人が参加。ところがその半数五割、三〇〇〇万票が小選挙区の選挙だと死票（当選に結びつかない票）となります。（実際この選挙では全国で三七三〇万票が死票、四割近い）ですから、有権者一億人のうち投票を破棄した人（投票にいかなかった人）四割と死票が三割で計七割、七〇〇〇万人を除いた残りの三割、三〇〇〇万人の人たちの意向のみが選挙に反映されるだけで、更にその半数一六〇〇万人（実際は一六六二万四四五七票）・16パーセントの人たちだけの為に安倍政治が行われているのです」

「こうした小選挙区の不合理を糊塗する為に衆院選では小選挙区比例並立制が採用されています。衆議院の全議席四八〇ですが、そのうち大半の三〇〇議席が小選挙区、残り一八〇議席が比例区で、小選挙区と比例区の比は五対三なので小選挙区の比重が多くなっています。比例区を加味したといえその不合理はまったくかわりません。

同じく二〇一二年の総選挙で説明します。

前述の自民党の合計獲得議席二九四の内訳は公正さを確保する比例区は五七議席だけです。残りの大半の二三七議席が小選挙区による獲得議席なのです。この小選挙区だけの自民党の得票率は43パーセント、小選挙区の定員三〇〇議席のうち自民党の獲得議席は二三七議席ですから当選率は〈237÷300×100＝79％〉不当率は〈79÷43＝1.84〉です。この場合も議席数でいうと、四割の得票で八割の議席を獲得する不正選挙が小選挙区制なのです。もし、二〇一二年の衆議院選挙を比例代表制による公正な選挙でおこなえば、その結果は、自民党は半数以下の一三三人で一六二人は落選です」

以上が小選挙区制の正体です。こんな選挙制度は早く廃止すべきと思いませんか。

政党交付金は返して！

一九九五年「政党交付金」というものが国会で満場一致のような情況で可決しました。

これは、国会議員一人ひとりにお金が入るというものです。「政党」への「交付金」何のことだかよくわかりません。交付金そのものの内容がよくわかりません。

二〇一四年に自民党へ交付金として支給されたお金は一一八億三七七四万円なのです。

これ、当然税金です。他の政党も共産党を除いて、すべての党がもらっています。総額三二〇億円です。

最初に言っておきます。こんなお金支給しなくていいんです。

それでなくとも議員の給料は驚くほど高いです。乗りもの（電車・バス）ただです。政治の活動費保障されています。秘書の給料、税金で払ってくれます。

国会議員に、一カ月に一〇〇万円の「文書通信交通滞在費」というものが給与とは別に支給されています。領収書の届け出は不要です。国会議員は政治活動費として多額の税金で守られています。これだけでも私は出しすぎだと思っているのです。国民が安い給料でやっと生活しているというのになぜここまで国会議員にお金を支給するのでしょう。考えるだけで腹が立ちます。ですから、本当に国の為に働きたいと思っているのではなく、高額なお金を得ることが出来て、国会議員という立場、特権を得ることが目的で選挙に出る人が一杯います。国会での動きや政治活動をみればそれがわかります。

私、昔から思っていたのですが、国会議員の給料を十分の一にして、議員になると貧乏になるようにすれば、どんな貧乏になっても、国の為に働きたいという立派な志を持った人だけが国会に集まり、国民が豊かになるはずです。

前置きが長くなりましたが、こんなにお金が入る仕組みになっている国会議員にさらにお金を払うのがこの政党交付金です。

この制度が導入されたのは政治とカネにまつわる不祥事をなくす為だったのです。選挙のたびに不正なお金が動き、選挙の後は逮捕者がでるのが通例のようになっていました。企業から多額の金額を受け取るのです。当選した後は、国会議員としての特権を使い企業の利益の為に動くのです。企業だって、それを目的に献金をするのです。私だって、お金いっぱいもらったら恩返しをするでしょう。だから、そんなお金もらってはいけないのです。しかし議員さんたちは性こりもなく、お金集めをします。

ある時一人の議員がこの不祥事をなくす為に「政治資金の三分の一程度は公費で助成すべきだ」と国会で言ったのです。お金が自分たちに入る案に議員みんなが「そうだ。そうだ。」ということであっさり決定してしまったのです。

日本共産党だけが反対しましたが多数決の民主主義の前では、無視同然。

当時は政治団体の政治活動費の総額が一〇〇〇億円だったから約三分の一の三〇〇億円にしようということで「三〇〇億円の交付金制度」が成立したのです。

なんと簡単に決めたことでしょう。なんと大ざっぱな計算で税金三〇〇億円の使いみちを決めたことでしょう。議員が勝手にやった不祥事を、お金を支給する方法で解決するというのは、私たちが悪いことをしたら「お金をあげるからやめなさい」というようなものです。不祥事を行ったら無条件でその不祥事をやめるべきです。

この制度の最もおかしいのは、政党支持なしの人が増えている今、国民から見放された政党が国民の税金で運営されているという矛盾です。

国民は支持もしていない政党に強制的に献金させられているのです。

議員数が減っても支給される金額は同じです。今、衆議院の数は少しずつ減っています。ですから、議員一人あたりの交付金額は増えています。議員一人当たりの交付金額は、初めての時は三九五八万円でした。二〇一二年には四四三二万円になっています。今はもっと増えているはずです。この法律は成立してから五年後に交付金総額を見直すことが決められています。

二〇年以上が過ぎていますが、一度も見直されていません。政党交付金は受け取ったら最後、何に使っても自由です。会議費、高級料亭での飲み食い、政党運営費の名目にすれば何にでも使えます。日本で選挙制度が出来てから、一九九五年まで政党交付金などなくてもちゃんと政治はやっていたのです。私が五一歳までこんな制度はなかったのです。しかし、二〇年以上も過ぎると、議員たちは、もらってあたり前のお金と思っているのです。点検したり見直したりする気は全くないのです。与党の前で偉そうなこと言ってる野党（共産党を除く）だってこのお金もらってます。ちなみに、二〇一四年に各党がもらったお金の額を申し上げます。

自民党	一一八億三七七四万円
民主党	五十億一九九六万円
日本維新の会	二四億七一一六万円
公明党	一九億五〇〇二万円
みんなの党	一五億一〇〇二万円
生活の党	五億六一五四万円
社民党	三億二一八五万円
結の党	二億六一七四万円
新党改革	七六九八万円

となっています。

私、二〇一一年の東北の地震の時、家を流され、生活手段も奪われ身一つになって避難所にいる人たちをテレビで見た時、とっさに頭に浮かんだのがこの政党交付金です。「あの交付金を使えば、この人たちどんなに助かるだろう。」と思ったのです。あれから六年過ぎたので三二〇億円かける六で一九二〇億円になります。家族が一緒に住める家も提供出来たはずです。議員さんたちはよく「身を切る思いで頑張ります」と与党も野党も言いますが、この交付金にはふれません。もらえるお金はもらった上で身を切るのです。もともと、どうしても必要なお金ではなかったのです。議員たちを喜ばすだけのお金なのです。しかし東北の人たちには命のかかったものだったのです。国会議員の誰か一人でもこの件について提案してほしかったです。

この事に関しては日本共産党は立派な態度を続けています。

時々、「政党助成金廃止法案」を国会で提出していますが、日本共産党以外の議員は、みんなお金をもらっているので知らん顔です。いつものように少数派の日本共産党の意見は無視されます。日本共産党は企業から一円の献金も受け取っていません。だから本当は貧乏なのです。その貧乏な政党が交付金の受け取りを拒否しているのです。

これを書く為に資料に目をやった時に気づいたのですが、普通の新聞では「政党交付金」

と書いてあったのですが、日本共産党の新聞（赤旗）には、「政党助成金」となっていました。これはおもしろい発見です。多分「政党交付金」が本来の正式名称だと思います。政党交付金と言えば何となく正当に支給されるお金のような気になります。日本共産党は交付金を認めていませんから、本質的な意味において「政党助成金」と呼んでいるのです。そうだと思います。政党を助けるお金ですから。

しかしこの「交付金」は当分続くと思います。国会の中で平気でこのお金を受け取る議員がいまのままの数だったら変わるはずがありません。国民が選挙に参加しないということは、このような事を許すということなのです。議員たちがどんな偉そうな事を言っても「でも政党交付金もらっていますね」と思ってしまうのです。議員は自分たちの利益が一番で、国民は二番なのです。こんなひどいこと言われたくなかったら、今すぐ、「交付金」のお金かえして下さい。

世界一高い選挙供託金

これもまたひどい話です。

選挙供託金などの言葉は、普通に暮らしている人には身近な言葉ではありません。私も最近知ったのです。これは選挙に立候補する時、国（法務省）にお金を払う制度です。「供託ですから後から返してもらえるはずですがこの選挙供託金は、一定の得票数に達しなければ没収されて返ってきません。供託金の額はいくらかというと、衆議院、参議院の国会議員が三〇〇万円で比例区では六〇〇万円です。ちなみに労働者の年収三〇〇万以下が52パーセントいます。女性では72パーセントです。（総務省統計局二〇一五年労働力調査）この人たち、立候補出来ますか？　普通に考えますと無理です。外国では多くの国で選挙供託金の制度がありません。お金払わなくても立候補出来るのです。

アメリカ、フランス、ドイツ、イタリア、ロシア、スウェーデン、デンマークなどの国は供託金なしです。ニュージーランドが一万五〇〇〇円、カナダが七万円、イギリスは九万円、韓国が一五〇〇万円です。ですから日本の供託金は世界一高いのです。金額がダントツの一位です。選挙に立候補する人は、全国民からみるとほんのわずかです。ここに供託金の問題が一般化しない原因があると思います。しかしこれはとても大きな問題を含んでいます。お金に余裕のある人しか立候補出来ないのです。どんなに志が高くとも三〇〇万円をポイと出せる人でなければ選挙に出られないのです。しかし憲法四四条には、「両議院の議員及びその選挙人の資格は法律でこれを定める。但し、人種、信条、性別、社会的身分、門地、教育、財産又は収入によって差別してはならない」とあります。お金がなく三〇〇万円の供託金を払えないで立候補出来ない人は、憲法で明記されている「財産又は収入によって差別してはならない」というところで、差別されています。人口の半分も占める低所得者は切り捨てられているのです。多くの外国が供託金制度などないのに、なぜ日本が、憲法に違反してまで実行しているのか理解出来ません。

こんなところにも、貧乏人を無視した金持ちの為の政治がくり広がっている温床があるのではないでしょうか。

第八章

労働組合はあなたの力

ここに小さな新聞記事の切り抜きがあります。「声」の欄に投稿されたある父親(七四歳)のつぶやきです。今から三年余り前のものです。

そこには、二人の子供の将来についての不安が切々と綴られていました。四四歳の息子さんと三九歳の娘さんは未婚であること。その原因は長時間労働と低賃金にあるのではないかと言っています。

息子さんは民間会社の正社員ですが基本給は一〇万そこそこで、残業代と寮に入っていることで生活ができているというのです。結婚相談所に行っても、月給の話をすると、渋い顔をされるので、「結婚は諦めた」と言っているそうです。娘さんの生活はお兄さんより大変で、お弁当を作って生活費を切り詰めているのです。長時間労働なのに残業代が出ません。父親が「お金と時間、心のゆとりがあって結婚に結びつくと思うのですが、子供たちにはこのすべてが欠けているのです」と言っています。

子供たちは優しく親孝行で数万円のボーナスの中から親に小遣いを渡しているのです。母親が「二人のことを思うと眠れず涙がこぼれる」と言っていますが、子供たちは老いてゆく両親を心配しているのです。

胸がキリキリと締め付けられる思いで読みました。こんなこと、あっていいはずがありません。政治家と企業の闇の中で、多額の税金が動いて、ボロ儲けして肥え太っている人たちがいるかと思えば、一方では真面目に正直に一生懸命に働いている人が、結婚も出来ないほどのギリギリの貧乏な生活を送らなければならない現実。このやりきれない気持ちをどこにぶつければいいのでしょう。私は新聞を切り抜いて「忘れないぞ！」とその記事を机の引き出しにソッと入れたのです。読み捨てることなど出来ませんでした。

このような家族が存在しなければならない原因は、今私が考えつくもので二つあります。「学校教育」と「労働組合」です。

まずは教育からです。学校とは、何の為にあるのでしょうか。私が思うには、子供が大人になって社会に出た時、一人でも生きていけるだけの知識を身につける為と思います。歴史年表の丸暗記や難しい数学の方程式を解くだけではなく、憲法や労働基準法など、社会に出た時、直接かかわってくる決まりごとを学ぶことが必要だと思うのです。

特に大切なのは権利意識を身につけることです。残業時間が長かったり、残業代がなかったりした時、正当な権利として、きちんと会社側に手当を認めてもらうことです。受身で会社のいいなりになっていてはダメなのです。その為には、きちんとした権利意識を持つことです。そしてそれは社会に出る前、学校で教えるべきだと思うのです。

一九八六年、チェルノブイリ（旧ソビエト）で大きな原発事故が起こりました。初めてメルトダウン（炉心熔融《ろしんようゆう》）という言葉を聞きました。多くの死者とヨーロッパに放射能をまき散らし、八〇〇〇キロの彼方からジェット気流に乗り、日本にも「死の灰」は降ったのです。世界中が驚きました。

その頃です。ある日本のテレビカメラがドイツの小学生にマイクを向けて、原発について質問をしたのです。するとその女の子は放射能についてスラスラと説明を始めたのでした。学校の授業で教わったと言っていました。チェルノブイリ原発事故の後、ドイツはいち早く学校教育の場で核の正しい知識を教えたのです。それから二五年後、福島の原発事故です。またしてもドイツ政府の動きは世界のどこよりも早く、ドイツ国内の原発は全面廃止、という決定を国会でやったのです。

私は、ハッと気づいたのです。二五年前、日本のテレビカメラの前でスラスラと放射能について語っていた小学生はあの時一〇歳としたら、今三五歳になっているはず。あの頃の小学生、中学生が社会の中堅としての年令になっている今のドイツが、いち早く原発の全面廃止を打ち出した事が、二五年前の学校の授業で教えたことの答えだったように思われたのです。教育の力の大きさをまざまざと教えられたのでした。

教育が危険な方向に動くこともあります。日本の首相は、明治時代、私たちが国民ではなく臣民（天皇の家来）だった頃の「教育勅語」がすばらしいと評価して、学校の教材としてもその方法によっては引用してもなんら問題にならないと語ったのです。この安倍首相の発言は無視出来ません。

話が別方向に進みましたが、社会に働く特に若い人たちにしっかりと権利意識を持ってもらいたいのです。それには、学校での教育がいかに大事かを強調したいのです。

次に「労働組合」です。どんなに権利意識を持っていても一人では弱いのです。その弱い一人を支えてくれるのが「労働組合」なのです。

憲法二八条に「労働者の団結する権利及び団体交渉その他の団体行動をする権利はこれを保障する」とあります。つまり、労働者は組合をつくる権利があるのです。会社はその組合から求められたら話し合いの場につかなければなりません。組合はストライキやデモ行進などの団体行動が出来ます、と憲法で保障されているのです。ですから労働者はこの権利を使って職場を改善して自分たちの生活を守ることが出来るのです。

過労死　その（一）

二〇一五年一二月二五日、普通なら楽しいはずのクリスマスの朝、高橋まつりさんは、自ら命を絶ちました。二四才の若さだったのです。広告大手の電通に入社して一年目でした。希望にあふれて入社したのだと思います。しかし、その職場の現状は高橋さんの心を破壊し過労自殺に追い込むほどのものだったのです。亡くなる一カ月ほど前の時間外労働は約一〇五時間にのぼるものだった事を労働所署が認定しました。月一〇〇時間を超える時間外労働をこなす中で上司から「君の残業時間は会社にとって無駄」と言われていたといいます。命を削るような過酷な残業をしている上にこの残酷な言葉は、高橋さんの心労をさらに痛めつけ自殺へと追い込んだものと思います。

高橋さんは死の一カ月ほど前に、仕事を減らしてもらうように上司に頼んでいたのですが聞き入れてもらえませんでした。高橋さんの死後、東京地裁は違法残業を認めたものの、元上司を含む電通本社の部長三人については処罰を求めるだけの悪質性が認められないとして起訴されなかったのです。つまり、罰するほどのことではないということです。悪質性がなかったというけれど、精神が病んでしまい自殺に追い込まれるような仕事をさせ、疲れ切った彼女にいたわりの言葉をかけもせず、暴言をあびせた上司には悪質性はないと東京地検の人は言うのです。自分の娘が高橋さんだったとしても言えるのでしょうか。怒りと悔しさで一杯です。裁判所もそうですが、地検もその顔は企業に見向いているとしか思えません。企業がどれだけの悪を働けば悪質性ありと認めるつもりなのでしょうか。

力には力です。やっぱり労働組合がないとダメなのです。一人では負けるのです。

今年の七月一二日、東京簡裁は電通を略式起訴した東京地検の処分について「不相当」と判断し、正式な刑事判決を開くと決めました。これでやっと、電通の刑事責任が公開の場で問われることになり、山本敏博社長が出廷することになったのです。これからの裁判の公判で事実がどこまで明らかになるのか見守っていきたいと思います。本社だけでも六〇〇〇人の社員がいる巨大企業の電通は、一九九一年にも社員を過労が原因の自殺に追いやっています。入社二年目の男性社員です。電通は当時責任を認めませんでした。遺族が起こした裁判での最高裁判決は「会社は過労で社員が心身の健康を損なわないようにする責任がある」と認定したのです。その後、電通は遺族と和解。責任を認めて再発防止を誓ったのです。しかし再び過労による自殺者を出した電通の罪は大きいと思います。青年の死も高橋さんの死も電通という大企業の中では、その重さは月日が過ぎれば忘れるほどの軽さだったのでしょう。

過労死　その（二）

「すかいらーく」で働く中島さんは「支援店長」の名で一五店舗を担当。残業は多い月で一八〇時間、深夜二時に帰宅、早朝六時に出勤することもありました。さらに店長は管理職だからとして残業代はなし。

そのような生活をしていた二〇〇四年の春、出勤の朝玄関で倒れ入院、その十日後に亡くなりました。脳梗塞でした。労災が認められ、会社は謝罪しました。そして損害賠償金を支払ったのです。妻の晴美さんは賠償金をもとに、過労死の支援や相談にのる「龍基金」を作ったのです。このような過労死がなくなるようにとの思いだったと思いますが、その晴美さんの気持ちを思うとやりきれません。亡くなった後に謝罪されたり賠償金をもらうのではなく「夫をかえして下さい！」と言いたかったと思います。その無念さが「龍基金」の誕生になったのではないでしょうか。

過労死　その（三）

二〇一六年の一月、公園の冷たい雪の上に若い一人の女性研修医が倒れていました。そばには睡眠薬があり、低体温症で死亡。新潟市民病院に勤めるお医者さんが自殺に追い込まれました。その原因は過労でした。四カ月連続で二〇〇時間を超える時間外労働、最も多い月で二五一時間だったといいます。驚きの長時間勤務です。

どのような内容だったのかわかりませんが、心が壊れてうつ病を発生させるだけの十分すぎる勤務時間であることは誰にでもわかることです。それを、健康を守るプロ（病院側）が知らないはずがありません。ひどい話です。人の命を助ける立場にいる医者の命がないがしろにされているのです。

政府は、残業時間の罰則付き上限規制を二〇一九年度に導入することを目指して、労働基準法改正案を今秋の臨時国会に提出する方針。ただ医師については猶予期間を設け、改正法の施行五年をめどに規制を適用するとしています。その理由として、医師には原則として診療を拒めない「応召義務」があり、「特殊性をふまえた対応が必要」ということでした。

医者の命をうばうほどの「応召義務」とか「特殊性」ってなんですか。そんなごまかしの言葉で今、医者の命が次々と消されているのです。もう一度いいます。医者の命以上の「応召義務」とか「特殊性」などあってはならないのです。医者が長時間労働で健康を害され、不十分な体調で治療にあたれば医療事故へとつながっても不思議ではありません。

そしてその事故が患者の命を落とすことだって容易に考えられます。つまり、医者の命だけではなく患者の命までにも影響を与えるかも知れないのです。仕事の相手が品物でない医者の仕事は、それこそ、ここに「特殊性」があるのです。医者の職場の改善はむしろ早急にやるべきだと思います。

夜に救急患者を診る当直をした後、そのまま日中の勤務にあたるといった過酷な働き方をしている医者も少なくないという現実がありますが、解決は簡単です。医者の数を増やせばいいのです。なぜ増やさないのですか。改善策を他の職業より後まわしにするのは、政治家と日本医師会の癒着があるからではないのですか。結果、病院経営の利益が優先しているのではないですか。

医者の労働時間は職種別で最も長く、総務省の調べで「過労死ライン」とされる月八〇時間を超えて残業する人の割合は全体で一四パーセントに対し、医者は四一・八パーセントだったという結果が出ています。

力には力で。やっぱり医者も労働組合を作って、正当な武器（労働法）を使って自分たちの命と職場を守ってほしいです。アメリカでは、給料値上げや職場改善を求めて大通りを警察官がデモ行進しているのをテレビのニュースでみたことがあります。このままの病院体制が続く限り、私たちも安心して自分の命を医者に託すことは出来ません。国民の半数が労働者で占める雇用社会である日本で労働組合があるのは一七パーセント台です。多くの人が正規労働者になれないでいるのです。

二〇一六年に仕事上の問題が原因で自殺した二〇〜三〇歳の若者は、警察庁の調べで八三七人もいるのです。「死ぬくらいなら会社をやめればいい」と言われますが、悲劇なのは、責任感が強く、まじめな人が逃げないで頑張り抜こうと、ギリギリまで我慢した結果が、死やうつ病につながってしまうということです。立派な人こそがはまるアリ地獄なのです。命より大事な仕事なんかないはずです。

過労死を防ぐ為にと、二〇一五年「過労死等防止対策推進法」が施行されました。しかし、過労死やうつ病発生の数は減っていません。上から（行政）の対策なんてあてになりません。現場の労働者が作った労働組合が大事なのです。職場での問題が起きた時、すぐ対応出来るのは同じ職場で働く仲間です。一人では絶対ダメです。一人で会社と話しても「やめてもらって結構です」と言われるだけです。しかし、労働組合の資格で仲間たちと会社側に交渉を申し出れば、相手は交渉の場に出なければならない義務があります。会社が納得出来る返答をしなければ、組合にはスト権（仕事放棄）があります。憲法二八条で認められています。それをさける為に会社側は団体交渉の場で労働者の要求に耳を傾けるはずです。

私が働いていた頃、春になると給料値上げの団体交渉を会社がやってきました。会社の答が組合の要求と大きく違った時、ストを決行する場合があります。たいていは時限ストといって一定の時間を決めて仕事の場を離れることが多かったです。大きな会社や、航空会社や教職員組織などがストに入ることがありました。テレビのニュースで「○○会社、スト突入」などのニュースが春になるとよく流れていました。「春闘《しゅんとう》」（春に行う賃上げ闘争のこと）という言葉が一般化されていたのです。しかし今、闘う労働組合が減って、会社側の要求を受け入れる第二組合的なものが多いので「春闘」の言葉は死語になりました。

ですから、職場の現状は低賃金、長時間労働が続いていくのです。過労死だけではありません。「パワハラ」（パワーハラスメント）も今問題になっています。組織において地位や職権を利用して部下に嫌がらせを行うことを俗に「パワハラ」と言っていますが、これは本当に悪質で卑劣で許し難いものです。弱い者いじめです。自分が立場的に上にいる事を利用してのいじめですから本当にきたないです。

二〇一五年、上司のパワハラが原因で自殺したヤマト運輸の従業員だった遺族が二〇一六年、ヤマト運輸と上司に慰謝料を請求した損害賠償を求める訴えを長野地裁に起こしました。上司は自殺した従業員に「死ね」と言っていたそうです。何の権利があってそんなことを言えるのでしょうか。「死ね」などと他者に言える人間はこの世に存在しません。それからもう一つ。もしも立場をかえて自分が「死ね」と言われたらどんな気持がするのでしょう。学校のいじめでも「死ね」という言葉がよく使われます。そうして、これから花開く「将来」を待たずして尊い小さな命は絶たれてしまうのです。

大人社会から子供社会にまで広がっているこの言葉。国会でも使われた事に私は驚きと不快感で一杯でした。民進党の女性議員が保育園の問題を安倍首相に質問している時です。彼女は「保育園落ちた、日本死ね」と言った主婦の声を代弁して、「総理！　知っていますか！　こんな言葉があるのですよ。総理知らないのですか！」と強い調子で安倍首相にせまったのです。まるで錦の御旗のように「保育園落ちた、日本死ね」の言葉を連呼したのです。その錦の御旗を振る顔は得々としていて私は顔を背けたい思いになりました。

この女性議員は、保育園が不足していて、若い母親たちが苦境に立っている事を訴えたつもりだったのだと思います。しかし、私から言わせれば「日本死ね」の言葉は使うべきではなかったのです。「死ね」という言葉をいとも簡単に不用意に使っています。上司が部下に「死ね」といったり学校でいじめで相手に「死ね」と言ったのと同じ感覚でその言葉を使っています。場所は国会です。「死ね」といわれたのは「日本」です。私たちが住んでいる国です。日本が死んだら大変です。

「保育園落ちた、日本死ね」といった母親は、その悔しい気持をそんな言葉で誰かにぶつけたかったのでしょう。しかしこれはまちがっています。これから子どもを育てていく母親が「死ね」などという言葉を使って自分の怒りの気持を表現してはいけないのです。これは捨てゼリフであり、ヒステリックな言葉です。保育園に落ちた母親はあなた一人ではないのです。怒りや苦しさをこらえて、保育園を増設させる為、役所に陳情したりして頑張っている母親たちが大勢いるのです。

しかし私が驚いたのは、この言葉をわざわざインターネットの中から選び出し、国会の場で使った女性議員の感覚です。言葉を発した母親は保育園に落ちた当事者です。まさか国会に取りあげられるとは思っていなかったはずです。しかし、国会で「日本死ね」と叫んだその女性は冷静に物事をみて判断する立場にいる国会議員です。保育園が不足している現状をもっと的確な言葉で十分に相手に伝わるような資料を持ってせまるべきだったと思います。「死ね」などという言葉に何のためらいもなく、それどころか得意になって「保育園落ちた、日本死ね」この言葉を「総理！　知っているのですか！　知らないのですか！」と、全国に放送されている国会で叫んでいたのです。この議員には、言葉の使い方にもっと慎重になってもらいたいものです。

もしかしたら、言葉使い以前の問題なのかもしれません。こうして「死ね」という言葉が軽々しく使われていることに私は我慢出来ません。この言葉で何人の労働者が自殺に追い込まれたか。何人の子どもが死を選ばなければならなかったか。実際に凶器を使って人を殺したら殺人罪で罰せられます。しかし、言葉（死ね）の凶器で人が死んでも、それは殺人にならないのです。おかしくないですか。使った凶器だけが違っただけで、相手が死んだという事においては同じです。

パワハラで相手を死に追い込んだ人は、殺人罪で罰するべきです。しかし今の世の中、その殺人者は裁判にもかけられることなく無罪なのです。言葉で仕事をしているようなテレビ番組の中でもよく「死ね」の言葉を聞きますが、プロなら尚更言葉を慎重に使うべきだと思います。「差別語」には神経質になっているテレビ局が、こんなひどい言葉を平気で聞き流しているのです。それから若者の会話の中で冗談のようにこの言葉がポンポンと出てきます。もう何十年も前、学校のいじめの一環として、「お葬式ごっこ」をやり色紙に「安らかにお眠り下さい」等と書いたのです。書かれた少年は自殺しました。でも学校は「冗談」のつもりだったと説明しました。たとえ冗談でも言ってはいけない言葉があるのです。言われた側にはそれは冗談とは受けとれません。

今、世の中で「死ね」の言葉が日常会話の中でいとも簡単に使われていることに、ことばの乱れと心の乱れを感じます。「死ね」という言葉は禁句にしてもらいたいものです。

クロネコヤマト宅急便

二〇一七年の四月です。ヤマト運輸が未払いの残業代一九〇億円を払うと発表したのです。コマーシャルでおなじみの「クロネコヤマトの宅急便」です。ここで働く社員は八万二〇〇〇人。そのうち宅配などを扱うセールスドライバーが四万七〇〇〇人。道のわきに止まっているクロネコの自動車に出入りする人は、いつも走っています。私は前から会社がそうとうひどい労働条件で働かせているのだなぁと思っていました。好きで走る人はいません。その顔をみると必死な表情です。本来ならゆとりのある表情で歩いて荷物を届けるのが普通だと思います。クロネコの自動車に出合うたびに心が痛んでいます。

そしたらやっぱりです。今回ヤマト運輸が横浜地裁の労働審判に、総額一九〇億の残業の未払い分を払うといったのです。しかしです。この金額で驚いてはいけません。よく調べますとこれギリギリの金額なのです。賃金未払いの時効が二年なのです。誰が決めたか知りませんがこの法律、完全に会社側に有利に出来ています。企業からお金や票をもらっている議員さんたちの恩返しがこのような所に、たびたび登場するのです。どんなに長い間、残業未払いをやっても、たった二年分を払えばいいのです。それ以前の利益は全部会社のものです。

こうして書いているだけで気分はイライラです。「クロネコヤマトの宅急便」は何万人もの社員を走らせて残業代をネコババして企業を成長させたのです。

なぜそのヤマト運輸が二年分とはいえ一九〇億円もの未払い金を払うことになったのでしょうか。

ことの始まりは一人の配達員の行動でした。サービス残業がおかしいとKさんは、会社と組合に何度も話をしたのですが、状況は何も変わりませんでした。こんな会社はやめると決めたので、その前にたたかおうと思い自分の配達地域にあった日本共産党の地区委員会に駆け込み相談したのです。

一六年間働いてきました。勤務は朝七時五〇分から。配達の準備をして八時半に出発。

午前と午後と夜。一日三回担当地域を回ります。配る荷物はおよそ一日二〇〇個、一個当たり三分で配らなければなりません。その合間に集荷もします。昼食は運転しながらおにぎり。一四時間休憩なし。終わるのは夜一〇時すぎ。その後、伝票整理をする。職場を出るのが一一時になります。一二月は忙しく、配達が一日四〇〇個になり、帰宅が〇時をすぎる時もたびたび。

ヤマトはタイムカードがあるにもかかわらず配達集荷用の携帯端末で給与を払う勤務時間を管理していたのです。端末は朝八時に電源を入れ、夜配達が終わると切ります。その前と後に仕事をしても給与は支払われない仕組。昼休憩をとれなくても、一時間とったことにされていました。違法なサービス残業システム化です。Kさんは一人よりも二人のほうがいいと思い一年ほど前に退職したTさんにも声をかけ、日本共産党地区委員会から紹介された、神奈川労連、労働センターに相談に行き、そして労働基準監督署に更正指導を求めました。労基署はヤマト運輸に更正勧告しました。そして会社は残業代未払いについて労働基準法違反を認めたのです。その後、弁護士を通して未払いの残業代の支払いを求め、横浜地裁に労働審判を起こしました。二年分で三〇〇万円の請求に対し、ヤマトが最初に示した支払額は七〇万円ほどのものだったのです。

事態を一変させたのが、日本共産党議員が国会でこの問題をとりあげたことです。安倍首相は「賃金不払いでの残業といった法令違反は許してはならない。本社に入って徹底的に調査をすべき」と答弁したのです。あの安倍さんがこのような答弁をせずにはいられなかったほど、日本共産党議員が示したヤマトの経営実体がどこからみても違法でありひどいものだったのです。その結果ヤマト社長は今回の一九〇億円支払いを発表したのでした。

自分の権利を主張して他の人たちと一緒に動いたことによって会社を動かし、不十分ではありますがこのような結果を得ることが出来た一つの実例です。

はっきり言えることは、Kさんが動かなかったらヤマト運輸はそのまま何万人の社員が受けとるべき残業代を全部自分たちの財布に入れていたのです。本当に企業はきたない事を平気でやります。もし、これを私たちがやったらどうなるのでしょう。他人のお金を取ったら警察にすぐつかまります。でも会社が社員のお金を取っても、たった二年分かえせばいいのです。

今、多くの会社がお金をぬすみ続けています。バレなければいいんです。ですから社員はぬすまれないようにしなければなりません。おかしいと思ったら、誰かに相談するのです。そしてヤマト運輸のKさんのように動くのです。

職場に労働組合があれば一番です。ここに相談してみんなで動くのです。しかし、ここで注意しなければなりません。Kさんは最初に組合に話をしているのです。しかしKさんの話を受けとめて動くことはしなかったそうです。

実は「労働組合」といっても、会社の為に存在している組合があります。このような「労働組合」が多いのです。今は何と言っているのか知りませんが、昔私たちが働いている頃、このような組合を第二組合と呼んでいました。工場などでストライキをやって、工場の入口で組合員たちが腕を組んで一列にならんでいると、第二組合の人たちが棒を持ってその列におそいかかっているのをテレビのニュースでみたことがあります。

四月の「春闘」(賃上げ要求)の時期、要求額にあまりにも遠い返答の場合、組合側はストに突入します。あちこちの電車が止まりました。そんな時代があったのです。しかし今、賃上げの要求は、第二組合と会社がテーブルにつき、話し合います。そこには現場で働く人たちの生活の為に必要な切実な賃上額などは届きません。会社に譲歩した金額でシャンシャンと手が打たれます。だから毎年、賃上げは「ほんのちょっと」だけです。

給料は低くおさえられたまま。残業代は未払、過労、セクハラ。我慢してはいけません。一人で頑張ってもダメです。働く仲間が手をつなぎ、自分たちの「労働組合」を作らない限り、安心した生活、ゆとりある生活は手に入りません。

勇気が必要です。勇気を持って行動に出てください。受け身はダメです。一人でもダメです。人生は一回しかないのです。後もどりも出来ないのです。グチグチと不満を言いながら「どーせこんな世の中だから……」と、簡単に決めつけないで下さい。あなたの気持一つです。たったそれだけで、明るい未来が開けるかもしれないのです。あなたの知らないところで生き生きと未来をみつめて闘っている仲間がいるはずです。

国鉄労働組合の遺産

一九八七年に国鉄が「分割・民営化」され、「ＪＲ」という会社になりました。ＪＲになる前は国営だったのです。赤字を理由に政府は民営化を決定。国鉄は日本中を走っていました。それをＪＲ東日本とかＪＲ九州とか七社に分けて民営化したのです。しかし、実は、このＪＲ誕生には国鉄労働組合、「国労」に入っている大勢の労働者たちの大きな犠牲の上に成り立ったものなのです。

この頃、一九八三年にフランスの鉄道は、特殊会社から公共性を優先する公社へと経営形態を変え、国民の移動の権利（交通権）を保障する為の交通機関にしたのです。国民の生活の中で移動は欠かせないものです。通勤、旅行、買い物、どこへ行くのにも乗り物を必要とします。この生活の中心部にある「交通」は生活の足です。フランスではこの「足」にかかる費用を低く抑え、また、安定させる為に国が管理すべきだとしたのです。うなずける話です。

しかし日本ではこの逆をやったのです。それまで、日本中を走っていた国鉄は、公社から特殊会社へと民営化されたのです。この時、国鉄当局は民営化にする為には国鉄労働組合があっては不都合だと判断。徹底した国労つぶしにでました。このすさまじい弾圧は国労の組合員を人間扱いしなかったほどです。人間には心があります。泣いたり笑ったりの感情があります。しかし、国鉄当局はこの人たちを品物のように扱いました。本人の意志を無視して職種を変え、あちこちに配転させ、まともな仕事もさせず一カ所にとじ込めておくなどのことをやったのです。

品物扱いを受けた人たちは、心も体も壊れていきました。一〇〇人を超える自殺者が出ました。国鉄の中に「人材活用センター」という名の収容所を作りました。八六年全国に一〇一〇カ所を設置、一万二〇〇〇人を収容。その後も増え続け、最終的に一四四〇カ所、二万一〇〇〇人が収容され、その八〇パーセントが国労の組合員でした。隔離、管理され、まともな仕事もなく、草むしり、竹細工、文鎮作り（廃材となったレールを使用）、駅舎の清掃など指示されたのです。作業を何も与えられず放置されていたセンターが多くありました。

長年、電車の運転をしていた人、電気技術者、出札係、保線区で列車の安全を管理していた人、貨物車の車掌など、鉄道の現場で働いていたプロが一カ所（人活センター）に集められ、炎天下の草むしりを命令され、「むしる草がなくなったら蟻をひろえ」などと非人道的な扱いをされていたのです。この状況がマスコミにも知られることとなり大きく報道され、また外国にもこの実体が紹介されました。イギリス、フランスなどの諸外国の鉄道労働者などから「人活センター」の労働者を激励する多くのメッセージが届いたのでした。そして、ＪＲが発足する一カ月前の一九八七年三月になってやっと廃止になりました。

国鉄が民営化ＪＲ社に移行する時、当時の中曽根首相や橋本龍太郎運輸大臣は国会で「ＪＲ採用において組合差別はしない」「一人も路頭に迷わせない（一人の失業者も出さない）」と答弁したのです。参院では国鉄改革法にわざわざ「組合差別禁止・全員雇用をめざす」と付けたしたのです（付帯決議）。

しかし、――この国会答弁は信じられないことですが、ただの紙きれだったのです。

国労組合員の一人の証言です。

「私たち大阪地方の国鉄労働者も全国の仲間と同じように一九八七年三月、それまでの職場から、事業部、開発部、旅行センターの各分室へといっせいに配属させられた。その数は七八〇名です。うどん屋、カレー店、喫茶店、アイスクリーム店に配属されたのです。運転職場は技術者の集団で、技術者としての誇りを踏みにじられ、生まれてはじめての接客、なれぬ手つきでコーヒーを運び『いらっしゃいませ』『ありがとう』と、顔は笑っていても心は煮えくり返っていました」。

ＪＲ七社の誕生の時、国鉄労働組合員一〇四七名が不採用となり、その後の国鉄清算事業団も解雇されたという事実です。この事実を持って国会答弁が全くの「うそ」だったことを申し上げます。

ＪＲ誕生から三〇年が経った二〇一七年の六月、元国労闘争団全国連絡会議議長だった神宮義秋《じんぐうよしあき》さんのインタビュー記事を新聞で目にした時、私は衝撃を受けました。

「国鉄改革は『国の形』を変える壮大な仕掛けの原点だった」と言っていたのです。ＪＲを不採用になった当時は、何がなんだかわからなかったけれど、国鉄の分割民営化を指導した中曽根首相が、その後のインタビューで「国労が崩壊すれば、総評（日本労働組合総評議会）も崩壊するということを明確に意識してやった」と言ったのです。

総評、社会党を潰して改憲へという大戦略を描いていたことがわかります、と神宮さんは言うのです。その為に護憲勢力の社会党を支える最強の戦闘力を誇った国労を狙い撃ちしたとの説明に、私は驚きの中で大きく頷いたのです。「そうだったのか！」と。

あの頃は、国労への弾圧だけに注目していたけれど、日本の首相はすでに憲法を変えることを前提に動き出していたのでした。歴史の先を読むことの大切さとむずかしさを痛感したのでした。

その中曽根首相の戦略を忠実に引き継いだ安倍首相が、憲法改悪に向ってこんなにも凶暴に突き進むことが出来るのは、それに反対する勢力（労働組合）が弱体化しているからです。中曽根首相のお陰で、総評も社会党も潰れ、日本中の労働組合が瀕死《ひんし》の状態なのですから、政権がこんなに動きやすい世の中はありません。

「ああ、そうだったのか」と、ため息をつくと同時に、「気づいた時がスタート」との思いがメラメラと湧いてきたのです。これからです。それがどんなに小さな一歩の前進になろうとも、前に進むことです。労働組合が復活して、危険な方向に進み出した国の歩みをストップさせ、安全で安心して生活できる、そんな日本の国を作ることです。できるはずです。

歯を食いしばり、巨大企業と国に向かって闘い続けた国労組員たち。正当な要求は押しつぶされ、二四年後に政治決着したとは言え、事実上の大敗だと思います。一〇〇人を超える自殺者を出し、国労組員たちの生活を犠牲にした、あまりにも長い苦行の歳月を振り返ると、そう思えてならないのです。正義が勝つのではなく力が勝ったのです。力の強い方が勝つ世の中だったのです。

国労に対する弾圧が始まった頃、国鉄当局は甘い条件をちらつかせ組合脱退と転職を迫ったのです。多くの組合員がそこに走りました。しかし、それを誰一人責める資格はないと思います。それよりも命をはって最後の最後まで闘いぬいた国鉄労働組合員がいたということは、私たちの歴史の一ページとして誇らしく残っていると、私は思うのです。

今、ＪＲ九州やその他で一回の乗車賃が何十万円、いや百万円近くの豪華列車が走り始めました。車内は高級ホテル、食事は超一流。しかし、私たち庶民には乗れません。金持ちだけの列車が走っている一方、地方では赤字を理由に生活の足となっているローカル線の廃止が続いています。経営がうまくいっている本州の利益を赤字経営の地方にまわして、日本列島のすみずみまで鉄道が走る、そんな経営が国営鉄道なら可能だったはずです。しかし今、裕福な人だけが乗る豪華列車には多額の費用を出しても生活に必要な地方のローカル線に出すお金は一円もないのです。民営ＪＲは利益増が目的です。

一九八七年、ＪＲ七社の誕生の際に不採用となり九〇年に国鉄清算事業も解雇された国労組合員一〇四七名が職場復帰を求め、各地で採用差別などを訴えました。各地の地方労働委員会や中央労働委員会は、不当労働行為を認め救済命令を出したのですが、ＪＲはそれに対して裁判で対抗してきたのです。最高裁は二〇〇三年、ＪＲは国鉄とは別法人だとして使用責任を否定。組合側は事業団を引き継いだ鉄道建設・運輸施設整備支援機構を相手に損害賠償請求訴訟を続け民主党政権下の二〇一〇年、政治決着しました。一人平均約二二〇〇万円の解決金が支払われました。

その頃のことを振り返り神宮さんは、

「団員の高齢化。無年金で老後を迎えられるのかという差し迫った状況もあって、そんなとき、二〇〇九年の政権交代で民主党政権が発足しました。藁にもすがる思いでした。

そこで解決金が支払われ、政治解決したのです」と述べていました。

　歴史なんか自分には関係ないと思っていませんか？　私も若い頃ずっとそう思ってきました。しかし歴史の結果として今が存在するのです。今、私たちは歴史の上のその一点にいるのです。そして、私たちの生きているこの時代が時間の中を進み、やがて遠くに感じていた未来が現代となり、そこには知らない人間の知らない時代があるのです。それが歴史の流れです。その時代、その時代の人たちが、人間がよりよく生きられる為に努力してきました。発明であったり、発見であったり、研究であったり。そんな中で文化・文明が進み、人の生活がより楽になりました。社会が出来、政治が生まれ、世の中の約束事（憲法や法律等）が出来、民主主義なるものが生まれ、言論の自由など、もろもろの自由が保障され、今の私たちの社会があります。突然、今の社会の生活環境が現れたわけではありません。歴史の中の過去の人たちの、一生懸命な努力の一つ一つの積み重ねの結果なのです。ですから私たちは謙虚にその歴史を知り、しっかりと受けとめなければなりません。

　過去の人たちが血と涙で残してくれたもろもろの権利をおろそかにしてはならないと思うのです。そんな歴史の小さな一コマとして、国鉄労働者の闘いがありました。労働者にとって「組合」がいかに大切なものかを、命と涙で教えてくれたのです。

政治がどのように変わろうとも、働く人が「組合」で守られていれば、私たちは安心して暮らしてゆけるはずです。

新しい労使関係

資本主義と社会主義の大きな対立は世界から消えてしまいましたが、その対立が世界をまっ二つに分けていた昔は、労働者も企業も、互いに相手を「敵」としてみている風潮がありました。

しかし、今はもうそんな時代ではなくなりました。労働者も企業も共に協力してやっていく時代だと思います。

企業は労働者の基本的人権を守り、生活を守る義務を実行し、労働者は組合のもとで企業と正統な要求の交渉を穏やかに実行するのです。そして互いに企業の発展を軸に歩んで行けるはずです。

敵対関係ではない、そんな労使関係の世の中がやってくることを願望しています。労働者の生活が豊かに守られてこそ、真に労働力が向上し、その結果として企業の繁栄へとつながるのではないでしょうか。対立からは新しい未来は開けないはずです。

第九章

学校教育の現場で

学校でのいじめによる子供の自殺の新聞記事を目にするたびに「またか……」と深いため息が出ます。心が沈み、胸がキリキリと痛くなり、そして怒りが体中からフツフツと煮えたぎるのです。子供たちの命の犠牲があとどれくらい続けば、教育現場の改善が達成されるのでしょう。自殺に追い込まれた子供たちと、死ぬほどの悲しみを背負わされた親の敵をうつような怨念でこの問題を報告します。

初めに言っておきますが、学校でのいじめで自殺に追い込まれた子供は、実は殺されたのです。最終的には自らの手で死を実行したのですが、殺されたのです。学校、教育委員会、市教育委、文部科学省、その組織による集団的、間接的殺人なのであります。直接手を下していない殺人であることに、この問題の深さがあります。

今、この殺人者たちは何の罰もうけず、それゆえ自分たちの罪の意識もなく、今までの椅子（立場）にどっかりと座り、幸せな生活を送っています。どう考えても、黙ってなんかいられません。子供たちがどのような過酷な過程の末に自殺したのか、次にその実例を報告します。

いじめによる自殺　その（一）

二〇一一年、大津市で中学二年の男子学生が自殺しました。学校が自殺後全校生徒にアンケートを実施しました。一五人が「先生はいじめを知っていた」と驚くべき回答をしたのです。

「先生は注意したけどその後は一緒に笑っていた」それから「かつあげされていた」「口座からお金を奪われていた」が一三人。「万引きさせられていた」は一五人です。自殺の一週間ほど前には父親に「万引きしたことがある」と打ち明けたのです。父親は学校に相談。すると、担任は万引きさせた同級生の親らに事実かどうかを確認しました。その結果「息子はその後報復を受けたようだ」と父親は語っていました。この時の担任のとった行動は言語道断です。このようなことになったら、報復の恐れは誰にでも想像がつくものです。それから、すぐ親に事実かどうか聞くなんて……これは調査を親に依頼したことになります。他の人に頼むのではなく自分（先生）が直接生徒に尋ねて、事実の現状を調べ確認し、そして、報復などが起こらないように指導すべきだったのです。教師としてあたり前の仕事が出来ていません。

この担任が、いじめの暴力行為を見ても「あんまりやるなよ」といってとめようとしなかったとの証言があります。それらの証言によると「(先生が）隣にいたが止めなかった。

「やりすぎるなよ」と言って笑っていた」と数人の生徒が同じ証言をしているのです。その中に「周りにほかの先生もいた」と話す生徒もいたのです。

この事で、私の息子が高校生だった頃のある先生の言葉を思い出しました。数人の先生と母親での会話の中で「いやぁ〜、あの時は、その生徒が別のクラスの子だったので何も注意せず通り過ぎたのですよ」と言い放ったことです。その時の小さな驚きを今でも覚えているということは、これは小さな出来事ではなかったのです。先生は自分の担当する生徒には注意するけれど、他のクラスの生徒だと、「担任を差し置いて、自分が口を出すのは失礼だ」みたいな、妙な先生間での気配りがあるのだと思いました。仲間への気配りを生徒指導より優先しているのです。

今回のアンケートで「周りにほかの先生もいたのに」という生徒の言葉の裏には、なぜほかの先生が注意しなかったのかという疑問が含まれていたと思います。そして、その疑問はそのまま教師への不信となるのです。

生徒の両親は翌年の二月、市と三人の同級生を相手に損害賠償を求めて大津地裁に提訴しました。市は答弁書で「あまりやりすぎるなよ」と声をかけた部分を認めて、これは行為をやめさせる趣旨だったと主張しました。それは違います。行為をやめさせる為だったのなら「やめろ！」と言うべきです。しかしこの担任は「あまりやりすぎるなよ」と言ったのです。これはやりすぎなければ続けていいということです。それに「あまりやりすぎるな」の「あまり」の基準はどこにあるのですか。どこまで暴力をふるったならやりすぎなのか、はっきりした線など引けるものではありません。注意された生徒は「あまり」の基準を理解することなど出来ません。こんなあいまいな言葉を指導の中で使うべきではないのです。

「プロレス技を仕掛けられ半泣きになっている生徒をみかけ「あまりやりすぎるなよ」といっただけの担任の態度を告発した訴状に対し、市は、指導だったと主張しました。あまりにも私たち普通の人間の感覚、判断とかけ離れてはいませんか。「いじめを何度も目撃しながら、漫然と見逃してきた」との訴えには、市教委は「担任は、度が過ぎると、双方と話をして、いじめられた生徒には指導として、大丈夫かと声かけしていた。大丈夫です、と返答があったのでいじめだと判断出来なかった」と会見で延べています。

驚きました。よくこんな恥ずかしいことを平気で言えたものだと、本当に驚きました。相手は子供です。大人の先生であるならば、「大丈夫」の答の裏を見通す目を持っていなければならないのです。「大丈夫」の裏付けを確認して、その上で生徒と対処することが指導なのです。「大丈夫と答えたので、いじめだと判断出来なかった」と言っていますが、生徒の答に判断を委ねているようでは教師の資格ありません。

それから「度が過ぎると注意指導していた」と言っていますが、この「度」の程度の基準はどこにあるのですか。殴られているのをみて先生が「度が過ぎていない」と判断しても他の人がみて「度が過ぎている」と判断する場合もあります。このように人によって判断が容易に異なってしまうような言葉を使って自分を正当化しないで下さい。いじめをみて見ぬふりをしても「度が過ぎていませんでしたから……」と、いくらでも逃げられます。

担任の言葉どおり、度が過ぎて注意したとします。そうするとこの時、度が過ぎるほどのひどい暴力を受けた生徒に「大丈夫か」と聞いたことになります。ひどい暴力を受けて大丈夫な人がいますか？　プロレス技を仕掛けられ半泣きになっている生徒に「大丈夫か？」と聞くことの出来る冷酷さにゾッとします。この担任は相手を思いやる心の欠けらも持ち合わせていないのです。まだ子供である生徒は、自分の気持を充分に説明出来ません。思いやることが必要な年令なのです。

いじめによる自殺　その（二）

「毎日のようにいじめが繰り返され、ほかに自殺の原因はうかがわれない」と、第三者委員会が認定したのは、生徒の死から一年も過ぎた二〇一四年三月のことです。それまで学校はいじめに気づいていなかったと言っています。

第三者委員会による報告書には、「悪ふざけで問題ない」とか、「本人が大丈夫と言っていればいじめではない」といった認識が学校に蔓延していた、と述べて、いじめとは何かに対する理解不足と指摘しています。驚きと同時に恐怖です。いじめとは何かを知らない先生たちが教壇に立っていたのです。だから学校側は「いじめに気づいていなかった」となり、「いじめはなかった」となるのです。こんな恐ろしい所に生徒たちはいたのです。

いじめの事態は次の通りです。

第三者委員会の報告

二〇一二年

四月　　ハーフパンツを下される

七月頃　尻をけったり、傘の柄で股間を触ったりされる

九月　　くつやかばんを隠される

一〇月頃　体育館で柔道の技をかけられて、一〇回以上倒される。

二〇一三年

一月　「キモイ」「消えろ」「どうせ死ぬなら大会が終わってからにしろよ」

などといわれる

二月　体育館のかべに押さえつけられ、テープで補強した紙筒でたたかれる。

腹筋で起き上がるたびに左右のほおをたたかれる。

四月五日　馬のようにまたがられ、尻をたたかれながら、体育館を一周させられた。

四月九日　セロハンテープをほおに貼られる

四月一〇日「誰も僕の心をわかってくれない、さよなら」とのメモを残し自殺。

これでも学校はいじめに気づいていなかったと言ったのです。

先生たち全員教師やめて下さい。この学校の先生すべて入れ替えてください。自殺の後、学校がいじめの有無をたずねるアンケート調査を四回行いました。しかし、解答用紙の原本が、町が規定した保存期間の一年が過ぎていないのにすべて破棄されていたのです。記入内容はデータとして保存したと言っていますが、なぜそんなに早く破棄する必要があったのでしょうか。そのデータの内容は正確だったのでしょうか。証拠隠滅と疑われても仕方ない行動だったのではありませんか。

生徒の自殺の後、町委員がいじめの実態を発表しました。説明後、体育館から出てきた父親は「いじめの事実について、たくさんの説明を聞いた。あれだけいじめられれば我慢も出来ないだろう。それでも教師が気づかなかったことはあり得ない」と語っていました。町教委の事務局長は「ほぼ毎日（いじめ）を受けていた印象を持つ」と説明。「頻繁にいじめを受け続けたことで自死につながった可能性がある」と話したのです。「印象を持つ」とか「可能性がある」などの言葉を使って、断定を避けています。

そして最後には「具体的な因果関係は第三者委員会が調べる」として、他に調査を委ねてしまったのです。自分の学校で起きたことに関しては自分たちの力で調べ結論を出すのが当然ではないですか？　なぜなら、毎日顔をみて一番近くで生徒に接しているのはその学校の先生ではありませんか。生徒たちの笑い声も泣き声も一番知っているのが現場の先生ではありませんか。なのになぜ、わざわざよそから第三者なるものを呼んで調べてもらうのですか。これは自分たちにその能力がないことを認め、他の救いを必要としていることになると思いませんか。恥ずかしいと思いませんか。

本来なら生徒の自殺が起きた時、先生たちが一団となって原因究明をし、うそ、隠し事のない正確な結論を出すのが先生の務めではありませんか。

お偉い教育関係の役員が何と言おうが、自分たちの出した結論に自信を持って「事実はこうなのです」と反論する力がなくて、どうして自分たちの生徒を守れるのでしょうか。

しかし現状は残念ながら全く違います。自殺が起きると、先生たちは団結して学校側の立場を守る行動をとります。正確な調査をする姿勢がそこにはありません。うそか本当かわかりませんが、「知らない」「気づきませんでした」と言って、現実を見ようともせず、第三者に調査をまかせます。そして学校側に非があったことが判明すると簡単に謝ります。記者会見の場で深々と頭をさげている映像をテレビのニュースで何度みたことでしょう。そのくり返しです。

いじめによる自殺　その（三）

仙台市でたて続けに三件の自殺がありました。この件の自殺を順を追って報告します。

一件目の自殺

二〇一四年九月、仙台市内の中学一年の男子が自殺しました。前日「同級生からからかわれ、先生に言っても直らない。学校に行きたくない」と単身赴任中の父親に泣きながら電話をしたのです。「俺が学校に行って話すから」と語りかけたのですが、これが最後の会話になってしまいました。

五月頃から、この少年は同級生らの悪口やからかいに苦しんでいました。そして、登校や部活を嫌がっていたのです。七月には学校に行きたくないと自室のドアを家具でふさぎ、一週間ほど学校を休みました。母親が学校に相談。それを受け、学校は生徒指導の為の臨時学年委員会を開きましたが、登校を再開した少年は、同級生から「チクッた」とせめられたそうです。夏休み明け母親が再び学校に相談すると、少年は「学校には言わないでといったでしょ！　言ったって何も変わらない」と怒ったといいます。その約二週間後に亡くなったのです。

「先生に話したって何も変わらない」。少年は自らの体験の中からそう思ったのです。どんなにか辛い日々だったでしょう。相談するべき先生があてにならない。同級生からはいじめられる、八方ふさがりの状況の中、よく頑張って学校に行ったと思います。しかし、まだ一二才の子供です。この重すぎる苦境を背負いきれずに倒れてしまったのです。多分、その背負った重みを必死で支えたであろう細い足を思うと、やりきれません。そんな少年の死の後、担任は「いじめとは思っていなかった。今でもそう思っている」と言ったのです。この事実を知った両親が「こんなに理解のない境遇にいたとは……」と泣いていたそうです。

両親だけではありません。私はこの記事を読んだ時、もしも担任がその発言をした場に私がいたら、暴行罪で逮捕されることを覚悟で、担任を殴り倒していたのではないかと思いました。少年が学校に行けないほど苦しんでいたのに。その内容も学校にも報告して相談していたのに、何も改善出来ていなかった結果としての生徒の死の前で「いじめとは今でも思っていない」と発言出来るこの担任は教師としての資格はありません。このように愛情も判断力にも欠けている人間が学校の中に指導者としているということに我慢できないのです。

仙台市は有識者による専門委員会に調査を依頼したとのことです。その結果、いじめと自殺の関連を認めたとあります。そして市は、このいじめによる自殺を受け、二四時間対応の「いじめ相談専用電話」を設置。学校にいじめ対策専任教諭を置き、市教委に「いじめ不登校対策班」をつくったのです。しかしその後、市内では二件のいじめによる自殺が起きています。市のやったことは何の役にも立っていなかったといえます。いじめた側から少年に謝らせる場をつくったから先生はいじめが終わったと判断したというのですが、このような単純な判断しか出来ない先生はくび（解雇）にした方が、電話を設置したり対策班をつくったりするよりも効果があります。生徒の命よりも教師が学校に留まる権利の方が優先しているのが今の教育界の現状なのです。狂ってます。

二件目の自殺

中学二年生です。一四才でした。二〇一六年二月　自宅で自ら命を絶ちました。学校でのいじめアンケートで少年は「キモイと言われている」と訴えました。勇気を出して必死で書いたのでしょう。それを受け担任が尋ねると、少年は「大丈夫」と答えたので対応をとらなかったそうです。何もせず引き下がったのです。またしてもです。前の自殺の件でも私は同じことを書きました。「大丈夫」と答えたのでそのままにしていた教師の態度を。

この少年は「大丈夫」ではないから、勇気を出してアンケート用紙に記入したのです。大丈夫だったら書くはずがないでしょう。普通なら「大丈夫です」の答を聞いて、「いや、大丈夫じゃないから書いたのだよね。辛いことがあるのではないか？　何か悩んでいるのではないか。先生に話して欲しい。先生は君の相談を真剣に受けとめるよ」と、優しく接していたら、少年は「大丈夫」の発言をとり消して心を開いて相談したと思います。「大丈夫です」と答えたのは、その時少年は先生に対し心を閉ざしたのだと私にはそう思えます。

子供の物事を見抜く目を、甘くみてはいませんか？　子供だからこそ鋭く人間の本質を見抜くことが出来る場合があるのです。この担任は無邪気にも「そうか、大丈夫なんだ」と引き下がったのであります。この担任は、言葉の裏にまで思いを寄せるという思考力が欠如しているのです。これを誰も指摘していないので本人はこれが指導だと思っているのです。こうして自殺のたびに「大丈夫」と言ったから……の答弁をする先生が登場するということは、たまたまこんな先生がいたということではなく、全学校の全先生の教師としてのレベルが低いということです。教育関係の役員がやっていることは、いじめによる自殺の対策だけです。そして、その先にいるのは生徒です。役員の視線は生徒たちにだけ向けているのです。だからダメなのです。なぜ教師の方にも視線を向けないのですか。アンケート調査は先生たちに対してやるべきです。

先生には「大丈夫」と答えていた少年は、母親には時折り悩みを話していました。そしていつも「先生には言わないで」と言っていたのです。一番に相談すべき立場にいるのが先生のはずなのですが……。この事実は大きな問題です。少年は母親に切々と悩みを打ち明けてました。「死ね」「整形しろ」などと言われるのが辛いと。学校には行きたくないと言っていましたが「もう少しで冬休みだから」と言われ頑張って新しい年を迎え、少年は登校を続けたのですが、春が来るのを待つこともなく、一月に自ら命を絶ちました。直後、教育長は「継続したいじめで自殺というものではないだろう」と発言。それから一年もすぎてから、第三者委員会が「いじめによる精神的苦痛が理由のひとつ」と発表。両親は新たな委員会による再調査を求めています。

少年がいじめられ苦しんでいても、先生に相談に乗ってもらえず、学校に行けなくなった少年の先には死しかなかったことが、残念で無念でなりません。

第三者委員会の調査報告では、連日のいじめが続いていたことは認めていながら、「これは理由のひとつ」という表現をしています。あたかも他に自殺の原因があったかのような報告です。両親が納得出来ると思いますか！

三件目の自殺

先に記した少年の死からたった二ヶ月後、同じ仙台市で三人目の少年の自殺がありました。中学二年の少年は自宅近くのマンションから飛び降りました。

三日後の会見で、教育長は「いじめというより、からかいだった」といじめを否定したのです。死ぬしかなかった「からかい」とは何ですか。クラス男子の半分の生徒から「臭い」といわれ物を投げられる集団的いじめの存在を記者から問われても、学校はいじめだと認めなかったのです。その二日後、教育長はいじめのあったことを認めました。校長は「いじめと認定するか迷ったまま会見をしたので」といじめを認めなかったことの言い訳をして「反省している」と言ったのですが、いじめ防止法で定める「重大事態」にあたると認識を改めたのは、さらにその翌日で、文部科学省の指摘を受けてからだったのです。

この市、学校の一連の発言はもう、うんざりするほどの身勝手で、幼稚です。ここに亡くなった生徒への愛情は露ほどもありません。自分たちの保身ばかりを考えています。

この少年に対するいじめや体罰がいかに惨い仕打ちであったか説明したいと思います。

少年は、学校のアンケート調査にいじめられていることを訴えていました。しかし学校は、なぜか「一対一の問題で集団的ないじめではない」との判断で指導。そして解決済みとしたのです。少年は更に、二度目のアンケートにも「悪口を言われたり、ものを投げられたりしている」「無視されている」と訴えているのです。担任が確認すると「人間以下」と言われたり、ズボンを下げられ周囲から冷やかされたと訴えたのです。数人の同級生が関与を認めました。担任はいじめた側の生徒に注意したといってます。しかし現実として、いじめは続き少年を死へと追いやったのです。どのような指導をしたのでしょう。その内容は明らかにされていませんが少年の死を防ぐ指導ではなかったのです。

「注意した」とか、「指導した」と言いますが、いつもその内容は発表されませんし、問題にもなりません。ここがまちがっています。指導にならない指導がまかり通っていることが腹立たしいのです。少年の死の四ヶ月前、机に「死ね」と書かれていました。この事実も先生の間でいじめと認識されていたのです。しかし、なぜか少年に対するいじめは、「総合的に解決した」として、四月に新しく着任した校長に報告していませんでした。

「総合的に解決」とは何ですか。そんなもの解決ではありません。総合的の言葉の中には「多少のいじめあり」があって、しかし「総合的に解決」と結論したのです。「解決」に○○的に解決なんてないのです。こんな教師集団の不誠実な指導の中で、少年の心は深く傷ついたはずです。その痛みを共有する相手もいない教室から少年が出て行ったのは四月二六日の一時間目の授業終了の後でした。どんな気持で学校を後にして死に場所となったマンションまで歩いていったのでしょう。去っていく少年に誰も気づかなかったのでしょうか。引き止める声も聞こえない孤独の中をマンションへと足を向けたその少年の気持を思うと、悲しみを突きぬけて、怒りが燃え上がるのです。

　この残酷さに追い打ちをかけるように、新しい事実が出てきたのです。少年の自殺から三週間も過ぎてから二人の教師による「体罰（暴力）」が新聞で報じられました。いじめられて苦しんでいたことを知っていた先生が、その少年に暴力をふるったのです。悪魔のようなこの仕打ちに声も出ません。五〇代の男性教師から拳《げんこつ》で頭をたたかれる体罰（暴力）を受けたその翌日、少年はマンションから飛びおりたのです。この教師の体罰（暴力）が自殺の引き金になったかもしれないという可能性を否定することは誰にも出来ません。だからこそ学校はこの事実を保護者からの情報提供で明るみになるまで隠していたのです。教育長は「いじめ調査に傾注していて体罰を視野に入れることを想定出来なかった」と言い訳をしました。だからこんな能力のない教育長はやめさせるべきだと言っているのです。過激な発言ではありません。あたりまえです。生徒たちの命がかかっている重大問題なのですから。

　では、体罰（暴力）の詳細を説明します。

　授業の終わりのあいさつの時、少年が寝ていたので、五〇代の男性教師が拳で頭をなぐったのです。当然ながら教師の体罰は法律で禁止されています。さらに、寝ていたと言いますがこれも本当に少年が寝ていたかどうかわかりません。ただ机に顔をうつぶせていたのかも知れません。少年が亡くなっている今、「寝ていた」というのは体罰をした教師による一方的な言葉です。少年が生きていたら「ボク寝ていませんでした」と言ったかも知れません。百歩ゆずって、寝ていたとしてもこれが拳でなぐるほど悪いことなのでしょうか。教育上どうしても許せないような悪事をやった訳ではありません。寝ていたということだけでこの教師は少年をなぐったのです。

体罰などというと教育の一環のように聞こえますが、単なる暴力ではありませんか。無抵抗な子供に対する暴力です。処罰すべきです。許せないのが、この先生は少年がずっといじめられている生徒だということを知っていながら、その苦しさを上塗りしたのです。本来なら「どうした？　疲れているのか？」などと優しい声をかけるのが先生の立場ではありませんか。こんな非情な人間は生徒と接する資格ありません。もう一度いいます。この先生の暴力が自殺の引き金になったのではありませんか？「ない」と断言出来る人いませんね。可能性は限りなく高いのです。

これだけではありません。この三ヶ月ほど前、授業中に少年が騒いだとして、五〇代の女性教師が長さ一五センチの粘着テープを少年の口に貼ったのです。何と陰険な行為でしょう。少年の心は屈辱で一杯だったはずです。何の権利があってこんな仕打ちが出来るのでしょう。うぬぼれないで欲しい。授業中に騒いだという、たったそれだけのことで口にテープを貼るなんて、この教師の行動は単なるヒステリックないじめです。

横道かも知れませんが、ここで私がかねがね思っていたことを書きます。それは「授業」についてです。教室では授業は静かに聞くことがあたりまえとされていて、それに反したら生徒が絶対的に悪いとされます。本当に生徒だけが悪いのでしょうか。つまらない授業だってあります。教科書をただなぞるだけの先生もいます。家に帰って教科書を読めばすむ話です。声が小さくて一人でブツブツ言ってる先生もいます。先生の話が伝わらずあくびの出るような授業もあります。しかしです。どんな授業でも生徒は黙って聞いていなければならないのです。授業中におしゃべりをすると一〇〇パーセント生徒が悪いのです。先生徒が耳を傾けるような授業の工夫をしなければ……などの発想はまるでありません。先生の授業のやり方にもその原因はあるはずです。その事にほとんどの教師は気づいていないのではないかと思うのです。

「授業が成り立たない」という話の中で、生徒側への原因追及はよく聞きますが、教師側への原因追及は聞いたことありません。教師の個人的な能力を口にすることがタブーとする風潮があります。そしていつも悪者になるのは生徒です。いい身分ですねぇ、教師という職業は。そして、少年の口にテープを貼ったこの先生も、少年がなぜ騒いだのか、そこに自分の授業の進め方に問題はなかったのかなどとは夢にも思わず、問答無用で生徒の口をテープでふさぐという最低な指導をしたのです。

この二つの体罰（暴力）は生徒が亡くなって、二、三日後に保護者からの情報提供で発覚したのです。学校は生徒たちに「都合が悪いことがあったら隠しなさい」と身をもって指導したのであります。

話を初めにもどします。三件目の自殺を発表した教育長は「いじめというよりからかい」と言っていじめを否定する内容の発言をしました。そして、たったの二日後「いじめはありました」とその発言を撤回。何ですかこの軽率な態度は。困るんです。生徒に寄りそうのではなく、学校に寄りそう役人は困るのです。この人二カ月前にも同じ過ちをしているのです。二件目の自殺の時「継続したいじめで自殺というものではないだろう」と、のたまったのです。そして一カ月後、第三者委員会はそれを否定。「いじめによる精神的苦痛が理由のひとつ」と報告したのです。

役所はどうなっているのですか。こんなに判断を誤る人をなぜ解雇しないのですか。民間の会社なら大きな失敗をすると、即解雇ですよ。役所天国なのです。この人が座っているのが教育長という椅子だから厳しく言うのです。生徒たちの命がかかわっている教育問題を扱う立場にいるのです。ですから後には引けないのです。学校の中の安全をチェックする能力のない人は、やめて下さいといっているのです。こんな人が長い間、役所のトップにいて、定年退職には多額の退職金（税金）をもらって余生を悠々と暮らすのです。社会に出る前に亡くなった生徒には退職金をもらうことは出来ません。この子供たちの残酷な、短い人生のうえに悠々自適な余生があるのです。いいのですか、こんな社会で。

仙台で起きた三件の自殺を考えますと、これやっぱり殺人です。本物の刃物を使わず、「言葉」や「体罰（暴力）」という武器を使った殺人です。本物の刃物より切れ味の鋭さをもつその武器で、生徒の心はズタズタに切りきざまれたのです。たった一人に集中的に使われたら、死にたくなくとも生きていけなくなったのです。だから殺人です。いじめた生徒と、それを放置した先生によって殺されたのです。しかし、この少年たちの死に関して殺人者はどこにもいないことになっています。誰も罰せられないのです。ですから私が判決を下します。

「いじめをやった生徒への判決」

いじめた生徒はまず生徒の死が、自分がやった行動に深くかかわっていた事を自覚して下さい。もし自分が生徒の立場だったならと想像して下さい。そうすれば自分がいかにむごい仕打ちをしたか、生徒がどれほど辛く、そして苦しんだかわかるでしょう。

何度でも生徒の立場を自分に置きかえてみて下さい。あなたのやってしまった過ちで一人の命が消えてしまったのです。そこをしっかりと受けとめて下さい。

あなたはこれからずっと生きていきます。学校を卒業して、社会に出て、働いて、結婚して、親になって生きていくでしょう。でも生徒にはそれがないのです。出来ないままで死んでしまったからです。あなたにはその罪を知ってもらいたいのです。

そして、考えてください。命とは何かを。命は一度失うと二度と生きかえることが出来ないのです。人生は一度だけなのです。それゆえに命は大事にしなければなりません。尊いものなのです。

私は、中学生の頃から「人はなぜ生きていくのだろう」と考えました。高校生になっても大人になってもずっとその答を追い続けました。けれども答はみつからなかったのです。いろいろな本を読みました。人生に関する本をむさぼるように読みました。しかしどこにも答えはありませんでした。みつからないまま大人になった私は結婚して、二人の子供の母親になりました。私は初めて、自分の命よりも大切な宝物を得たのです。二人の子供です。そして必死に子育てをする中で、無条件で命の尊さを知りました。それは知識などという生やさしいものではなく、私の体を流れる血液の中に染み込んできたのです。

ある日テレビをみていました。アフリカのある地域の住民が内戦や旱魃《かんばつ》（ひでり）で食べる物が不足している状況をカメラがとらえていました。ガリガリにやせた母親が赤ん坊を抱きしめてカメラを見すえていました。私はとっさに「こんな地獄のような中でこの人はなぜ生き続けているのだろう」。そう思ったのです。そして次の瞬間、長年の課題であった「人はなぜ生きていくのか」に対する答えをみたのです。みたというより、テレビの向こう側から答えが突然に、私めがけてやってきたのです。あんなに、夢中にさがし求めても得られなかったその答えがです。今まで答えに似た答えはいくつかあったのですが、ピタリと私の心にはまるようなものではなかったのです。しかし、この突然やってきた答えは完ぺきでした。これ以外はないと確信しました。

それは、「生まれてきたから」です。この言葉が私にとって一〇〇パーセントの答えでした。

「生まれてきたから、人は生きていくのです」

これは哲学者に問うものでもなく、偉い人が答えるものでもなかったのです。「人生とは何か」「人はなぜ生きるのか」これには定義などなかったのです。私の場合、自分が生きてきた年月の中で、答えが生まれたような気がします。自分が一番安心して納得出来る答えが正解なのです。哲学者や小説家たちが正論のように答えを説いていますが、そんなものを求める必要はなかったのです。深く落ちこんでしまったその眼で、ジッとカメラをみつめていたアフリカの母親は、だから生きていくのです。どんなに苦しくとも生きていくのです。命とは尊いものです。涙があふれるほど尊いものなのです。そしてその命の重さは、世界中の人間がすべて同じです。一ミリグラムの違いもなく同じ重さなのです。

このことに私は三〇歳をすぎて母親になってから気づいたのです。

あなたはまだ若い。これからいろんな事に気づいていく年齢です。知らなくても当然です。しかし、次のことは今、知って下さい。生徒は一度しかない人生の入口に立ったばかりで、その尊い命は断たれてしまった。望んで死を選んだのではありません。本当は生きたかったのです。理解のない大人たちとあなたのむごい仕打ちで倒れてしまったのです。この現実から逃げないで下さい。そしてここからあなたの人生を再スタートさせてもらいたいのです。

あなたは若い。その若さはどんなに重い罪でもつぐなえる時間があるということです。いくらでもやり直しが出来ます。命の尊さの答えを、自分の力で自分が納得出来るあなただけの答えを探して下さい。他人の痛みを自分の痛みとして感じられる大人になって下さい。そうして生きていって下さい。幸せが待っているかもしれません。すばらしい人生が待っているかもしれません。亡くなった生徒が、むこうの世界で喜ぶような生き方をして下さい。そしていつまでもその面影をあなたの胸にあたたかく抱えていて下さい。生徒はあなたを許してくれるかもしれません。そうあることを私は望んでいます。


「少年の死に関していた先生方への判決」

教師をやめて、学校から出て行って下さい。

私は、あなた方先生に語る言葉を持っておりません。学校以外の所で勝手に生きていって下さい。どう生きるかはあなた次第です。

大人なのですから……。

いじめをなくすには

二〇一七年の九月の新聞に、仙台市教のいじめの調査報告がありました。何と三カ月で三一〇四件のいじめ報告があったのです。内訳は、小学校が二五〇〇件、中学校が六〇〇件、高校が四件です。年令の低い小学校にその数が圧倒的に多かったことに心が痛みます。

仙台市では学校ごとに対応を始めており、教育長は「アンケートと組み合わせることで、いじめ対策の網の目を細かくしたい」と言っています。「いじめ対策の網の目を……」などと言っても何も信用出来ません。教育評論家の尾木直樹さんが言ってました。仙台市にはもう教育問題を解決する力は持っていないと。いくら生徒にアンケート用紙を配ってもダメなのです。この問題の主な原因は先生の側にあるからです。先生にアンケート用紙を配るべきです。生徒の安全を見守る立場にいる先生の能力が欠けていた為「いじめによる自殺」が起きるのだ、と発想の転換をしなければ真の問題解決はないと思います。

自殺があるたびに、判で押したように生徒たちへのアンケート調査をしていますが、真犯人はそこにはいないのです。生徒のいじめを見抜けず、放置していたのは先生側なのですから、ここにメスを入れない限り解決出来ないと思います。教育委員会や市教育長がいくら対策を出してもこれに気づかなければ的はずれの対策のみです。

二〇一七年の七月の新聞に許せない教師の暴挙が載ってました。記事の見出しは「小四に『飛びおりろ』、所沢、四〇代教諭、教室で」とありました。内容を説明します。四〇代の男性教師が、自分のクラスの四年生男子児童とほかの児童ともめていたのを注意した時の言葉です。四年生といえばまだ一〇才前後です。その幼い生徒に対する四〇代の教師が「窓から飛びおりなさい」「明日からは（学校に）来るな」そう言ったのです。

何の権限があってこのような暴言を吐いたのでしょう。うぬぼれにも程があります。親でもこんなことといえません。教師は特に言葉遣いに慎重になるべき立場です。「明日から来るな」。この言葉は職員会議で充分な話し合いの後、校長だけに発言が許されているのです。そんなこともわきまえていない幼稚なこの担任は教師失格です。

「みんなを守っていかなければいけない、だからあなたは明日から来るな」とも言っています。全くおかしな話です。問題があるとした生徒を排除した「みんなを守る」守り方はとんでもないことです。クラス全員、一人残らず守ることが担任のあたり前の仕事です。都合の悪い生徒を排除する時点で指導から逸脱しています。クラスの全員を守る能力のないことを、一人の生徒を追い出すことによって穴埋めするとは、この上なく卑怯です。この程度の指導能力しか持っていない人は教師失格です。

この人はさらにこう言ってます。「クラスは三四人だが、明日からは三三人でやっていこう」。そう言ったのです。この言葉がどれほど深く少年の心を傷つけ、どれほど悲しく疎外感を持たなければならなかったか。幼稚園の子供がケンカをした時、その言葉の意味もわからず相手を罵倒したのと同じです。大人になっていない先生は教師失格です。

残念ながら、この担任の悪行はまだあるのです。数か月前、この少年の髪を引っぱり、背中を蹴ったのです。校長がこの暴力を認め「体罰であり、おわびをする」と言いました。そして校長は、今回の暴言を受けて、この担任を期限つきで児童と接しない処置をとり、全校児童に説明をして「心のアンケート」を実施したと言っています。

「説明」したそうですが、校長はこの暴言と暴力をどのように説明したのか知りたいです。学校は「心のケア」をすると言ってますが、空しい言葉です。そんなことよりも早くこの担任の教員免許をとり消して下さい。校長も同罪です。この少年はその後、学校に行っておりません。行けなくなっても当然な仕打ちを受けたからです。この責任、誰がどのようにとったのか、私にはわかりません。とっていないと思います。

考えてみて下さい。この少年が担任の言うことをきいて、本当に飛び降りたとしても不思議ではなかったでしょう。少年は必死にこらえたのだと思います。しかし、この傷は一生残るかもしれません。担任のやったことは殺人未遂です。この私の言葉は決して過激ではありません。当然のことを言ったまでです。この「当然」が社会で共有されていないから学校での悲劇が、次々と繰り返されるのです。

いじめ問題にまともに対応出来ない教師のレベルを上げる一つの方法を提案したいと思います。これは相当効き目があるはずです。教員になる為の試験を受けたことがありませんので、その内容が皆目わかりませんが、多分、学力的なもの、数学や国語や歴史など、それぞれの専門的知識を求める内容なのではないかと思います。それも大事かと思いますが、それ以上に先生に要求されるものがあるはずです。生徒たち集団を引っぱっていく能力と愛情です。命の尊さ、悲しみ、苦しみ、孤独の辛さ、そんな諸々の感情を豊に持ち備えて、生徒に対応出来る先生が必要なのです。それを見極めるいい方法があるのです。

それは「論文」です。試験の中に論文形式で答える所を設けるのです。たとえば「クラスの中でこんな問題が発生しました。あなたはどう対処しますか」とか、「このようないじめが起きました。主な原因はどこにあると思いますか。それに対してどのような指導をしますか」等と具体的な例を示して答えてもらうのです。学力だけでは答えられないものです。それが、実はとても大事だと思うのです。

昔のことを思い出しました。それは私の子供が高校生だった時のことです。問題の内容は忘れてしまいましたが、ＰＴＡの学年委員をやっていた私は、どうしても聞きたいことがあって、先生を呼んで話をしていた時のことです。テーブルの向こう側に座った先生が話の途中でチラチラとテーブルの下の先生の膝のあたりをみるのです。それで私がのぞきこむようにして「先生どうしたのですか。何をみているのですか」と尋ねたのです。すると先生が「いやー、宮幡さんがどんな質問をしてくるか予想して、答をメモしてきたのですよ」と悪びれることなく、その若い先生は言ったのです。即答する自信がなかったのでしょう。この先生はまだいい方なのです。なぜなら努力の姿勢があるからです。ひどいのは私の質問に答えられず、黙って下をみているだけの先生もけっこういたのです。

私の子は集団生活が苦手で小学校の頃からよく学校に呼び出されていました。そして次男が中学になるとその回数も倍どころか三倍くらいに増えました。次男が「つっぱり生徒」になったからです。呼び出しの内容は「学校のルール違反」「先生への暴言」などで、「弱い者いじめ」や「ケンカ」での呼び出しは一度もありませんでしたので、基本的には安心してました。その頻繁な呼び出しで数多く先生たちと話す機会がありました。その時の会話で先生との話が前向きに進んだことがないのです。先生は一方的にそれもなぜか「上から目線」で話してくるのです。それで私が「あのォー」と言って疑問に思ったことを質問形式で言い返すと黙ってしまうのです。クラス五〇人中、四六番で高校を卒業したこの私の質問に答えられないのです。そんな時はいつも「ああー、この先生、民間の会社に入ったらやっていけないだろうなぁ」と思うのでした。学校という所は、いったん教室に入ると大人は先生一人。生徒はずーっと年下。それで、ここでは自分（先生）が一番偉いのだと錯覚するのです。自分（先生）の能力不足を指摘する人がいない教室では、そんな先生の存在が許されているのです。だからです。

教員試験の半分を論文形式にして欲しいのです。そうすれば、ずいぶんと教師の質が向上するはずです。そして、それが「いじめ問題」解決にもつながるはずです。「いじめがあったことを知らなかった」と平気で答える先生はその言葉が自分の能力不足を意味していることに気づかないほど幼いのです。一日も早く論文形式を試験に取り入れて、大人の判断をする教師に入れかえて欲しいのです。

ここまで、先生たちに失礼なことを一杯言ってきたと思います。でも反省しません。私反省したくないのです。先生が生徒たちにやっている「失礼さ」の方がずっとひどいと思うからです。生徒の人生を狂わせ、命さえも奪っている先生たちに謝りたくないのです。

お聞きしたいのですが、世間で起きている「いじめによる自殺」に自分（先生）は責任ないと思っていませんか。自分の学校でなければその「死」は関係ないと思っていませんか。私は、亡くなってしまった子供たちと同じ時代を生きている大人として、こんな教育現場を許しているということに何パーセントかの責任が自分にあるのではないかと思えてならないのです。そして何も出来ないでいる自分に苛立っています。せめてもの、小さな罪滅ぼしのつもりでこれを書かずにはいられませんでした。

私の手元には多くのいじめによる自殺の新聞切り抜きがあるのですが、紙面の都合上、それら全部は報告出来ません。「ごめんなさいね」と言って再び箱に戻しました。そして最後に中島菜保子さんの件を取りあげたいと思います。ご両親の力で菜保子さんの死後、例のごとくいじめが自殺に関係ないという態度に出ていた学校や市教委を動かし、いったん作った調査委員会を解散させたことを報告したいと思ったからです。菜保子さんの死はご両親が動かなければ、いじめとは関係のない自殺にされていたのです。

茨城県取手市で二〇一五年一一月、中学三年生の菜保子さんは、自宅で首をつるという いたましい姿で若い命を断ちました。新聞に顔写真が載っていました。つぶらな瞳がまっすぐこちらをみていました。お人形のように可愛いその顔は少しほほえんでいました。

「ああー、何かのまちがいであって欲しい」。とっさにそんな思いが頭をよぎったのです。「こんなにも人なつっこいつぶらな瞳がこちらをみてほほえんでいるというのに。この写真が遺影だなんて……。そんな残酷なことがあっていいのだろうか」と。

菜保子さんには会ったことない他人の私が思うのですから、ご両親の胸のうちは想像を絶する悲しみだろうと思います。菜保子さんの死から一年半が過ぎた二〇一八年の五月、両親は会見で、取手市教委の調査委員会に、調査を中止して解散をして欲しいとの要望を発表しました。調査委員会は前年七月から調査を始めたのですが、市教委が調査委員会の設置を決めた際、「いじめによる重大事態に該当しない」と議決していたことがわかったのです。両親は市教委に菜保子さんの日記に人間関係の悩みや「いじめられたくない」の言葉が記されていたことなどから、いじめを訴えていたのに、です。調査委も両親が集めた同級生などの資料を十分に確認していませんでした。

両親は、「調査委は中立性と公平性、遺族への配慮が欠ける」として解散を求めたのです。

これに対して市の返答は、「申し入れを受け止め、解散するかどうかはこれから検討する」と延べました。そして、「いじめによる重大事態に該当しない」と議決したことに対しては、

「いじめと自殺の関係が不明の為、該当しないと議決した」と説明したのです。関係が不明だったということを「該当しない」の結論に結びつけた事に重大な過ちがあります。「不明」ということの中には「該当する」ということも含まれているのです。「該当しない」が両方含まれているから「不明」になるのです。それがなぜ「該当しない」だけを取り出して、結論としたのでしょう。ここに私は、何がなんでも自殺といじめを切り離したいとの市教委の姿勢をみるのです。

両親の申し入れを受けて翌三〇日、市教育委員会は臨時会を開きました。その結果「中島さんへの広義の意味でのいじめはあった」と認めたのです。しかし、です。ここまできても「いじめ」とは明言せず「広義の意味でのいじめ」などの表現をしているこのしぶとさにはおどろきます。しかしこのしぶとさも文部科学省の指導の前には完全に消滅して両親に謝罪したのです。なさけない話ではありませんか。そうして昨年三月の議決（いじめによる重大事態ではない）も撤回したのです。そしてさらに驚くことには、菜保子さんが亡くなった翌月の全校生徒によるアンケート調査の中から、からかいなどのいじめがあったことを把握していたと告白したのです。これは隠蔽《いんぺい》です。三一日には、文部科学省が動きました。市教委から聞き取り調査をしました。そして「いじめ被害が考えられるのに、対応は不適切だった」と市教委に勧告して、調査方法の再検討を求めたのです。

するとその今度は、すばやくその日の夜、菜保子さんの両親に謝罪したのです。これよりずっと前に両親は、日記や友人の証言を示していじめがあったことをいくら説明しても、聞き入れてくれなかったのにです。

文部科学省の役人からの「それは違います」の一言で、まるで水戸黄門の印籠の前にひれ伏すかのようにコロリと態度が一変して、その日のうちに両親への謝罪となったのです。教育委員には信念を持って仕事をして欲しいものです。「生徒の死」を厳粛に受け止め、真摯《しんし》に調査して、うそ隠しのない正確な結論に、文部科学省に何を言われても毅然《きぜん》とした態度で対応してもらわないと困るのです。

その後、市教育委員会は調査委員会を解散させることを公表しました。市長は「市教委の対応が遺族に寄り添ったものではなかったことについて心よりおわび申し上げる」と言ったのです。この謝罪の言葉では、「遺族に寄り添わなくてすみませんでした」という意味になるのです。だから駄目なのです。そうではなく、「傷つけてすみません」なのです。市長は「市教委の対応で遺族の心を深く傷つけてしまったことを心よりおわびします」と言うべきだったのではありませんか。心を傷つけたことを棚に上げて、寄り添ってもらっても困るのです。

　菜保子さんの両親の行動に頭が下がります。同じような立場に立った親に勇気を与えて下さったように思います。いじめがあった場合、事実がはっきりわからなければ、すべてが前に進みません。自殺した本人の心の苦しさを知ることも、加害者の反省と指導も、そして再発防止もすべては「何があったのか」を正確に把握することから始まるのではないでしょうか。

　教育委員会は、いつ、なんの為に作られたのでしょう。第二次世界大戦（太平洋戦争）の頃の教育は中央集権的な要素が強く、ピラミッドの形をしていて国家の指令がそのまま教育現場に伝えられていました。小さな子供たちは「大きくなったら兵隊さんになってお国の為に戦いたい」と、その夢を語っていたのです。軍国主義教育でした。戦後、このような政治による教育の利用を排除する為に教育委員会が作られたのです。地域住民の手で教育行政を行うということが大きな目標だったはずです。そして戦後の教育はガラリと変わりました。先生たちは教壇で自由に話が出来て、学校の独立性が認められたのです。それぞれの学校の独自な教育が花開いたのですが、しかしこれはアメリカ占領軍の初期の政策でした。一九五〇年の朝鮮戦争の前後から様子は変わりました。教育が開放された原動力が国民の力ではなく、占領軍によるものだった「教育の開放」はもろくも崩れはじめたのでした。文部省は、いったん国家から国民へと手渡した教育を、もう一度自分の手に取り戻し、国家が介入出来る方向へと動き出したのです。

教育委員会が誕生して七〇年あまりがたった今、その顔はどちらに向いているのでしょうか。いじめによる自殺が起きた時の教育委員の姿勢をみればわかります。文部科学省↓市教委↓教育委員会↓学校。この縦割行政の中で、学校の主体性は踏みつぶされています。そして、その結果生じる弊害がすべて生徒たちに降り注ぐのです。宮城教育大学の学長を経験した林竹二先生は、「いま学校に教育はない」と言って、日本の小・中・高等学校を手作りの授業をもって数年に渡り訪問し続けたのでした。林先生が『教育亡国』の本を出版したのはもう三〇年以上も前のことになります。

今、安倍内閣は、教員の「政治的中立」を確保する為にと言って、教員の処分を厳しくする検討を始めました。自民党は政治的中立を逸脱する教育の情報をホームページで募集しています。密告を促すようなものです。その結果、報告の中に「安全保障関連法や憲法について偏った説明をしていた」などの例が紹介されたといっています。そして、この自民党の部会で「教師の政治的中立性を確保する」との方針が了承され、これを逸脱した教師には重い処分を科すことも検討すべきだとしたのです。

「政治的中立」などと、まやかしの言葉を使って、結局、政府の方針から逸脱しないようにすることが目的なのです。ホームページの密告で、安保関連法や憲法について「偏った説明をした」と紹介されたその内容は何なのでしょう。偏るとは具体的に何なのか。安保関連法や憲法を、自民党の説明通りに先生が話したなら「偏った説明」とは言わないはず。自民党が主張する「教育の政治的中立」というのは、自民党の政策に寄り添う姿勢のことなのです。これはまちがいなく学校に対する国の関与を強めることです。国が教育に関与して、戦争へと突き進んだ昔を忘れてはなりません。

文部科学省の調べで、一九五八年度の日教組の加入率は八六パーセントでした。それが二〇一六年度の加入率になりますと二四パーセントとなっています。先生も労働を提供して給料を受けとり、生活しています。労働者なのです。国鉄の労働者であった、大先輩の神宮さんの言葉です。「労働者が団結（組合）して、経営側と交渉していかなければ、ますます労働環境は悪化します」と言っています。

多くの先生が組合の旗のもとに集まり、学校の民主化、労働条件の改善を勝ち取って、初めて先生たちが安心して教壇に立つことが出来るのだと思います。そして、その結果が生徒たちの幸せにつながることは言うまでもありません。

生徒の一番近くにいる教師が、一番生徒を守れる立場にいるのですから。その為に教室の現場から改善されなければなりません。今、先生たちの労働環境は最悪のようにみえます。残業で身も心も疲れ果てています。教育に情熱を持って教師になっても、生徒たちと充分にふれ合う時間もない現状では、夢破れるだけです。先生たちの健康をも害されるような労働時間であってはなりません。先生たちの手で作った組合こそが、それらを改善する力になるはずです。労働者として教師がしっかりと守られていなければ、先生が子供たちを守ることも出来ません。その為にも賢い先生が必要なのです。

それからもう一つ。今の学校の退廃の原因は親たちにもあると思うのです。それも大きな比率であると思います。これを私は、一〇年以上、PTAにかかわってきた経験から実感したのです。PTAは、ツッパった生徒やいじめられている生徒に本気で取りくむことはしません。ツッパリ生徒やいじめられた生徒に優しく寄り添った姿をみた事がありません。それどころか、その冷たさは学校側と同じです。PTAは学校の下請け作業をセッセとこなしているだけなのです。良い生徒だけのPTAです。学校からはじき出された生徒になんか目もくれません。PTAの役員をやっていた頃、そんな現実を泣きながらみてきました。

学校なんて無理して行かなくてもいいのです。学校以外の教室が増えています。みつければあるはずです。そして、学校に行けないことは、決して恥ずかしいことではありません。行けなくなるような状況を作っている学校やいじめをやっている生徒の方こそ恥ずかしく思うべきです。学校に行けなくなる子供は、たいてい感情豊かで、人としてすぐれた資質を持っている子が多いのです。それをたくさんみてきました。学校がすべてではありません。人生の選択はいろいろあるのです。学校へ行かなくても、いろんな場所で活躍して幸せに生活している先輩が大勢います。

こうして原稿を書いている間にも、新聞にはいじめによる自殺関係の記事が何件も報道されています。こんな重大なことが、新聞の小さな記事としてうずもれてしまっている現状に猛烈に腹が立っています。あまりにも愛しすぎる小さな命の、むごすぎる死が、世の中の無理解な大人たちによって繰り返されていることに、心がキリキリと痛むのです。

頭の固い役人や、自分の学校の体裁ばかり気にしている教師たちに、学校をまかせてはいられません。本当の教師としての資格を充分に持っている、すばらしい若者が一杯いるはずです。そんな先生の登場を子供たちと一緒に首を長くして待っています！

第十章

東日本大震災

原発

二〇一一年三月一一日金曜日、宮城県沖を震源地としたマグニチュード9という、今まで聞いたこともない大きな地震がありました。あの時の恐怖を昨日のことのように思い出します。マグニチュードは地震規模の大きさの単位ですが、地震の揺れの単位は、ここ神奈川でも震度5でした。

ビルの三階にいた私は、ユラユラと静かに揺れるのを感じて、ふだんから血圧が高かったので最初はめまいだと思っていました。長かった揺れの後、テレビをみると今までみたことのない大きな津波でした。多くの家や自動車がプカリプカリと波に漂っていたのです。この世の出来事とは思えない光景が広がっていました。悪夢のようなその異常事態にただオロオロするだけでした。

そして翌日、思ってもいなかったニュースが流れました。福島第一原発で発電機が故障して炉心を冷やす注水ポンプが動かないと報じられたのです。津波の凄まじさに気を奪われていた私に、それは寝耳に水でした。そして、その驚きはすぐに恐怖へと変わったのです。原発の注水ポンプが動かないということは炉心の温度が上がってしまうということ。とっさに私は、二五年前のチェルノブイリの原発事故を思い出したのです。大丈夫なのだろうか。福島の原発がチェルノブイリのような事故になったらどうしよう。そんな恐怖が襲ってきたのです。

あのチェルノブイリの原発事故は、連日映像で送られてきました。ゴーストタウンになった町をテレビでみて、映画ではなく現実としてこんな事が起こるのだと、初めて原発事故の恐ろしさを知ったのです。放射能を含んだ灰は風に乗ってヨーロッパを汚染し、それは日本にまで飛んできたのです。雨に含まれた放射能を心配して、雨が少しでも降っていると神経質に、小学生だった息子たちが外で遊んでいるのを家の中に呼び入れていました。

それから、イタリアのスパゲティやマカロニは買いませんでした。ヨーロッパからの輸入食品を避けていたのです。そんなことが、ささやかな自衛手段でした。それまで原発のことなど考えたこともなかった私は、原発がどんなものなのかを知る為に講演会があると知れば遠くまで足を運びました。しかし、原発の仕組みはむずかしくて理解が困難でした。ただただ核の恐ろしさだけが心に積もっていくのでした。

本も読みました。特に広瀬隆さんの『危険な話』は、核への恐怖心を決定的なものにしたのでした。チェルノブイリの原発事故の解説は、具体的で信用出来るものでした。そのような事実を知るだけで核に対する恐怖は増大したのです。気にもしていなかった日本の原発が三三基も動いていることに驚きました。

長男が高校に入学すると、ＰＴＡの役員をしていた私は、文化祭で「原発展」を開催しました。知人からパネルを借りてきたり、自分の持っている写真集や本を並べてささやかな展示会を開きました。教室二つを使い、その片隅にテーブルとイスを置き、コーヒーとお菓子を用意して話し合いの場をつくりました。反応はあまりなく、原発に対する関心はみんなの中で低かったのです。しかし、私はチェルノブイリ原発以後、友達とお茶を飲んでも必ず原発の話をしていました。

そして、一〇年、二〇年と過ぎるうちに、何となく恐怖心も薄れ、何となく「そんなに危険でもないのかな……」と根拠もなく思うようになり、目の前の自分の生活が中心になり、長男の結婚、孫の誕生など個人的な幸せの中で、原発を忘れた月日が流れていったのです。

初めて原発の恐ろしさを知ったあの日から、二五年という年月が過ぎた時、それは突然やってきました。外国の話ではなく自分の足元から原発事故の恐怖が押し寄せてきたのです。まさか、まさかと思いながら刻々と変わる原発事故のニュースから目が離せなくなりました。地震の翌日の新聞には「原発　想定外の危機　冷却水注入出来ず」と大見出しであったのです。炉心は核反応で高い熱を帯びています。冷却水を満たすことで過熱を防いでいるのに、装置が動かず冷却水を送れない状態が続いているという事は、素人の私にもその危険さが伝わり、不安な日を送っていました。

そしてついに一二日の午後、福島第一原発の建物から白い煙がしずかに上がるのが、テレビに映ったのです。血の引く思いでした。これから先どうなるのだろう。私は生まれて初めて、自分の命の運命が自分の意志とは関係ないところで握られている状態を経験したのです。ただオロオロとことの成りゆきを見ていることしか出来ない自分の立場を知ったのです。後で知ったのですが、東電はこの時初めて海水による注水に踏み切ったのです。それまで、海水を注入すると運転再開の際、支障が出ることを理由に海水注入をためらっていたのです。この場に及んで損得勘定で判断していた東電幹部の人たちに驚くと共に、こんな人たちが原発を動かしていたのかと背筋が寒くなる思いでした。

福島の原発事故後、私は目が覚めると同時にテレビのスイッチを入れ、冷却水注入の作業がどこまで進んでいるかをチェックするのが日課になっていました。原発はどうなっているのかと確認するまでの何とも言えない恐ろしい不安感を今でも覚えています。本当にこれは現実なのだろうか。日本はどうなってしまうのだろうか。そんな悪夢のような現実の中から、重く沈んだ気分で一日がスタートするのでした。

三月一三日

三号機も給水機喪失

三月一四日

午前一一時すぎ三号機爆発

三月一五日

第一原発の二号機で爆発音。原子炉格納容器が損傷。四号機原子炉近くで爆発音。

三月一六日

四号機八メートル四方の穴。四号機で原子炉建屋内にある使用済み核燃料の一時貯蔵プールで火災発生。三号機から白煙が上がり、四号機でも火災発生。高い放射線の漏出が続いている。

新聞を広げると、毎日このような記事を目にするのです。緊迫した状況だけが伝わってきて、それが具体的にどれほどの危険につながるのか皆目わかりません。だからこそまっ黒な不安だけが増幅するのでした。原発の建物から白い煙が不気味な静けさの中でモクモクと上がっていたけれど、あれがいつ大爆発につながるのか、つながらないのか……。チェルノブイリの立ち入り禁止の汚染地域は、その面積を日本列島に重ねたら、私の住む神奈川県などスッポリと入ってしまうことを、広瀬さんの『危険な話』の中で地図に示されていたことを思い出し、私の心は不安で一杯になったのです。ただ、ただ事故の成り行きを固唾《かたず》を飲んで見ているだけでした。

自分の生死が自分の手から遠く離れたところで左右されているもどかしい恐怖の中で、私は、ふいと松川事件で死刑判決を受けた本田昇さんを思い出したのです。やってもいない罪で、死刑を宣告された本田さんは、どす黒く、どこまで深くどこまで広いかわからない「権力」という闇の世界と向き合い、自分の死を目前にみながら、外からの救助を今か今かとただ待つしかなかったのです。

『松川事件・60年の軌跡』の中で本田さんは次のように述べています。

「自分が権力に言いわたされた死と直面しているわけで、それを打ち破っていくには日に日にたかまっている外の多くの皆さんの支援以外にはないわけです。その運動のたかまりを、じっと耳をすまし心臓の鼓動をころし、大きくなってゆく足音をじっと聴くような何年かでした。死刑を言いわたした権力は強力なわけですから、私たちを解放しようという運動が大きくなってゆく前に私たちを始末してしまうかもしれない。どちらが先にくるかわからない。権力の黒い手が自分の首にのびてくるのを日々覚悟しておかなくてはいけないし、その時に対応出来る気持をつくっておかなくてはならないという状態であったわけです」。

自分の生死が自分の意志から離れたところで決定してしまうという一点において、私も期せずして原発事故で同じ状況に身を置いた訳です。もちろん、本田さんの死刑宣告を受けた立場と今回の私の立場は比べものになりません。そして、その長さにおいても本田さんの一四年の年月に比べると私の原発の恐怖はほんの一瞬と言えるのですが、その一瞬を経験した私は、今さらのように本田さんの死刑囚という立場の言語を絶する苦渋の一万分の一ほどを体験したように思ったのでした。

特に私をふるえあがらせたのは、三月一七日の使用済み核燃料を一時的に貯蔵しているプールの水が正常に循環しなくなったと報じられた時です。正常な状態の時のプールの水温は二〇〜四〇度ですが、一四日に八四度に達していたと報道されたのです。三日遅れの発表にも驚きました。私たちは今何が起こっているかは知らされていなかったのです。知らないところで事故は進んでいたのです。そして、このプールには七八三本の放射能が含まれた燃料棒が保管されていたのです。

新聞には、水が枯渇し、高濃度の放射線が漏れ出す危険性が高まっていると記されていました。それから毎朝、プールの水温がどこまで下がったかを確認する日々が続いたのでした。事実、後で知ったある学者の発言です。

「あの時、もしかしたら東京のすべての機能が麻痺するかもしれないと思いました。」

そんな綱渡りのような危険の中にいました。

チェルノブイリ原発事故があった時、日本には三三基の原発が動いていたことに、こんな狭い日本に三三基もの原発があるなんて！　と憤慨していたのですが、それから二五年すぎた日本の原発の数は五四基になっていたのでした。個人的な小さな幸せに埋没している間に、政府と電力会社は着々とその数を増やしていたのです。ガツンと頭部に拳骨の痛みを感じたのでした。

私の青春時代は、未来は限りなく広がって続くように思っていました。将来に何の不安もなく、自分さえその気になれば何でも可能のような気分でした。それが今、崩れてしまったのです。未来という行き先が、原発事故によって突然に閉ざされてしまうかもしれない世の中になってしまったのだということを、私は福島の現実から知らされたのです。

家を捨て、ふる里を後にした避難者は、帰れる条件はまだ揃っていません。その時期さえわかりません。

福島原発が始動する際に配られたパンフレットには、事故の確率は何億分の一となっていたのです。日本中にある五四基の原発の事故の確率も、それが三億分の一であろうが四億分の一であろうがゼロではないのです。その意味するものとは、事故はあり得るということなのです。

昨日まで暮らしていた町や村が、一夜にしてゴーストタウンになってしまった福島の村々。生活の臭いをそのまま残して人だけが消えてしまったのです。そんな映像をテレビでみた私は、いいようのない恐怖を感じました。個人的な域をこえた、社会的な恐怖が自分の力とは無関係に押し寄せてきたのです。あの時、福島の村々では日常生活が突然プッツンと切られ、ごった返す避難所生活が始まったのです。その変化に耐えきれず、多くの高齢者が亡くなり、将来の見通しを失った酪農家の主人は「原発が憎い。原発さえなかったら……」と書き残し自ら命を断ったのです。このような人たちに、国も東電も冷たい対応で、避難者の納得いく保障はしていません。こんな不条理が福島で横行しているのです。

テレビや新聞では、高い確率で大地震が起こるかもしれないと警告を発しています。そんな世の中に突入してしまったのかと。明日の安全も約束出来ない時代になってしまったのかと。私の心は重く沈むのです。日本列島には多くの断層があり、大地震をひき起こすプレートも走っています。五四基もある原発の一つで大地震があったらどうなるでしょう。大爆発になったら日本の国はどうなるのかと不吉な未来ばかりが頭をよぎるのです。ただ一つ。はっきりと断言出来ることがあります。「今後日本に大地震などは起こらず、原発事故の大爆発は絶対にない」と言いきれる人間がこの世に一人もいないということです。それなのに安倍政権は原発の再稼働を進めています。

スウェーデンでは、原発から出る核のゴミを地下深くに捨てる計画が進んでいます。この核のゴミから出る放射性は危険がなくなるまで二〇万年かかるといっています。「この下に核のゴミがありますのでご注意下さい」などの立看板を立てても、はたして二〇万年後にその立看板の文字は通用するのでしょうか。二〇万年間地層に何の変化も起こらないという前提条件なのですが、二〇万年先の地球を正しく予測する学者がいるでしょうか。

日本の原発から出る核のゴミは捨てる場所がありません。原発の建物内にプールを置いて水を循環させて一時的に保管しています。ですから原発は昔から「トイレのないマンション」と呼ばれているのです。日本はスウェーデンとは地質が異なり、断層やプレートがある地震国です。安心して地下深く掘り下げることの出来る地盤をみつけることは困難です。

今、どこの自治体も核のゴミ捨て場の誘致に反対しています。二〇一六年四月に熊本県でマグニチュード六・五の大地震がありました。その二日後、今度はマグニチュード七・三の大地震が震度六強で起こったのです。これが本震だと言っていました。その後たて続けに震度六の地震がありました。何週間もゆれ続けたのでした。

地震学者が会見で「今までの知識では計り知れないことが九州で起こっている、予測出来ない」と言っていました。日本には全国で約二〇〇〇の断層があるとされてます。活断層のない都道府県はないと言っています。断層によるマグニチュード六・八以上の地震は過去一二五年間での平均で六年に一回程度あったと地震本部が公表しています。次ぎはどこなのか予測出来ません。五四基もある原発の一つが次ぎにならないことを祈るばかりです。

「トイレのないマンション」のまま原発を再稼働させている政府と電力会社は、原発推進の姿勢を変えようとしません。青森県で建設中だった大間原発は、福島の原発事故以来その建設を中止していましたが、一年後の一一月に工事は再開されました。原発が必要だと言っている人たちは、原発を止めると経済が混乱するとか、電力不足が生じると言っていました。最初、私はそんなものかと思っていました。しかし、福島の原発事故以来、日本中の原発がすべて止まったことが何度かありました。一番長く原発ゼロが続いた期間は一年と一一ヶ月間もあったのです。二年近く日本中の原発が動かなくとも、経済の混乱などどこにもありませんでした。そして電力不足になると言っていましたが、日本中でイルミネーションがピカピカと豪華にひかり輝いていました。「うそ」だったのです。「原発ゼロになると経済が混乱して電力不足も生じる」というのはうそだったのです。原発ゼロで二年近くすごしても、停電も経済の混乱もなかったという「現実」がそれを明確に証明したのです。

それにしても政府や電力会社は、よくもこんなうそを平気で公言出来たものです。だまされた私としては、この上もなく腹だたしい思いです。うそをつくなんて最低です。

津波

原発のニュースと同時にテレビからは毎日津波による被害が流れていました。そこには、肉親や大事な人を失った人々。家を流されてその跡地に立ちすくむ人。それは映像でみるだけでも胸が痛む光景でした。観客席のような茶の間からみていた私には、とうてい知ることの出来ない深い悲しみや苦しみがそこにはあったはずです。

二〇一二年の夏に見た忘れられない番組があります。『最後の笑顔』という番組でした。それは、納棺師《のうかんし》が津波で亡くなった人の顔を復元する話でした。津波で亡くなった人の多くが顔の原形すら判別出来ないほどに傷ついていたといいます。私はそれを知りませんでした。津波の恐ろしさを改めて知ったのです。

ある家族の話です。一番年下はまだ一歳にもなっていない赤ちゃん、一番上は小学生、その間に二人。四人の幼い子供を残して、若い母親が津波で亡くなってしまいました。父親が最後に子供たちに母親の顔を見せたいからと、納棺師に復元を頼みました。母親の顔は子供たちには残酷すぎてみせられないほどに傷ついていたのです。納棺師は二時間ほど時間がかかりますと言ったのですが、実際には三時間もかかってしまいました。それほどまでに傷ついた母親の顔を手術して、そして化粧をして復元が終わると、まず父親にみてもらい「お子様たちに見せられますか」と聞いたのです。父親は「あ、母さんだ」と言って泣きくずれました。そして顔を上げると、「大丈夫です。子供たちに会わせても大丈夫です」と言って、小さな子供たちと母親が久しぶりに会えたのでした。お母さんに会えてよかったと、みんなが泣いていました。

　私は、この番組をみるまで納棺師の仕事を知りませんでした。この納棺師は津波で亡くなった人の顔の復元を数えきれないほどやったというのです。そして一年余りが過ぎ、広い体育館で出会った多くの遺体のことが忘れられず、その人たちの顔をスケッチブックに描いてそこに短い言葉を添えたのです。その様子をテレビでみていた私は深い感動に包まれたのです。その若い女性納棺師の姿に、海の深さより深い、海の広さよりも広い人間愛をみたのです。こんなにもすごい人がいたのだと、人間を謳歌《おうか》したい気持になりました。

そして最後に彼女はこんな話をしたのです。

「遺体安置所で会った四、五歳の女の子のことが忘れられないのです」と。

　その女の子は身元がみつからず、復元を頼む人もなくそのままだびに付されたのでした。彼女は復元された場合の女の子の顔を描き「ゴメンね。復元すればよかった」と書き添えたのでした。その女の子の顔は、あどけなく可愛い表情でねむっていたのでした。

　私は番組が終わっても震えがとまりませんでした。他人に対しこんなにも温かく寄り添える人がいたのです。言葉で表現出来ない感動でした。同時に、無力で何の役にも立てないでいる小さな自分の存在を知り、私の心はドーンと落ち込んでしまったのです。それはまるで自分が虫けらにでもなってしまったようなみじめな気持でした。他にも被災地から流れるように届いた映像の中から、いくつもの大きな感動を得たのです。

「この津波の現状を一〇〇年先、二〇〇年先の人たちに残し伝えなければならないと思うのです」と、若い男性がカメラのシャッターを押し続けていたのです。

「ああー、こんなにも立派な青年がここにいる」と頭が下がるのでした。

この青年と同じくらい若かった頃、私は自分のことしか考えていませんでした。一〇〇年も二〇〇年も先の人たちに思いを寄せて行動しているその若者の姿は、まぶしすぎるほどに輝いていたのです。圧倒されました。このように無名の市民の中にこそ「真《しん》に立派な人間」がいるのだと、被災地の人々から教わったのでした。立派な人と世間から認められている人は一杯います。学者だったり、政治家だったり、芸術家だったりです。そして偉業を達成した人たちがノーベル賞や、国民栄誉賞をもらっています。しかし、私にはこの「真に立派な人間」の方にこそ、頭が下がるのです。

それは黒く日焼けした漁師だったり、農村の老人だったり、または命をかけて仕事を遂行した消防士だったりと、普通に生活している人たちの中に紛れているのです。被災地で、想像を絶するような苦境の中で隣人に優しく手を差し延べた人。家族へのおしみない愛を語った人。哲学的な深い言葉をさりげなく口にした農夫。この人たちに私は「真に立派な人間」を見たのです。ノーベル賞の受賞者に一歩の引け目も感じさせない人たちです。

時として、私はこのひどい世の中をみて絶望の中に落ち込みそうになるのですが、そんな時、東北の被災地でみた「真に立派な人間」の存在が、私に勇気を与えてくれました。だめだと思われる世の中だけれど、「真に立派な人間」が日本中のあちこちにきっといるはず……。そして、この人たちこそが混迷するこの社会を明るい方向へと動かす力を持っているはず。だから私も、その人たちに恥ずかしくない生き方をしなければならない、と。再び私は立ち上がるのです。

六年が過ぎてわかったこと

東日本大震災から早いもので、今年（二〇一七年）で六年余りが過ぎました。あの時生まれた赤ちゃんが小学校へ入学する年齢になったのです。しかし、私の中では昨日のことのように思い出されます。あまりにも大きな出来事でした。あの時から私の人生が再スタートしたような気がします。いろいろなところで価値観がひっくり返されてしまいました。

特に原発事故は二〇一一年から六年余りが過ぎた今でも決して終わるものではなく、その危険性はかえって問題をより複雑にして進行中なのであります。福島原発事故以来、私たちはこの問題から逃げられないところで生きていかなければならないことを知りました。意識的に逃げても、忘れていても原発による危機は静かに存在し続けているのです。福島第一原発の廃炉が決まりその作業が開始されていますが、今でも、その作業はやっと入口にたどり着いたような状況です。関係者は廃炉完了までに四〇～五〇年かかると言っています。廃炉に必要とされる経費も政府発表で八兆円となっています。そして廃炉作業は難航が予想されるので、費用は今後も増える可能性が高いと言っているのです。

この費用はとうてい電力会社だけで払えるわけではありません。電気料金に上のせしたり、国が負担したりするという案が真面目に検討されています。結局、私たちのお金です。一度事故を起こすと、自分の力では解決出来ないような会社はあってはならないと思います。

原子炉規制法では原発の稼働時間が原則四〇年となっています。今（二〇一七年現在）、日本に四〇年をすぎた原発が五基。あと一、二年で四〇年という原発が五基。福島で第一原発以外の廃炉予定の原発が六基、他県で三五年以上過ぎている原発の数は四基。日本中の老朽化が進む原発がざっと数えただけで合計二〇基もあるのです。どうするのですか、この経費。そして廃炉作業に伴う放射能漏れも無視出来ない問題です。どうするのですか、この現実。福島の原発事故直後にはわからなかったことが、事故後六年の間にいろいろと明らかになってきています。

その一つに、事故の後すぐに私たちの耳に入ってきた言葉は「想定外の大津波」という言葉です。東電は会見で「今回の大津波は想定外のもので予想出来なかった」と言ったのです。家や自動車がプカリプカリと漂っている映像を連日のように見せられていた私は、その東電の「想定外」の言葉を疑うこともなく受け入れていました。小高い山に逃げることが出来た人たちが口を揃えて言っていたのは、「こんな大きな津波は初めてだ」という言葉です。そんなこともあって、東電がこの津波を予想出来なかったのは仕方がなかったと思ったのです。そして、何となくこの原発事故は自然災害が原因なのだからと、東電を責める気持はありませんでした。

しかし、その後すぐに私の耳に飛び込んで来たのは、「東電はこの大津波の可能性を知っていた」ということです。そして新聞やテレビでその事実を語る学者が相次いだのです。

今年、東京電力福島第一原発事故の責任を問う集団訴訟の裁判判決が三つの地裁でありました。前橋地裁、千葉地裁、福島地裁です。そしてこの三つの地裁判決で共通している ことは「国が津波を予見出来た」という点で一致していたのです。特に前橋地裁で、国と東電に賠償命令の判決を出した原道子裁判長の判決文は胸に染み入りました。「東電は高い津波の到来を知っていた。国もそれを知っていながら、事故予防の対策の命令を出さなかった」と言いきり、「東電が津波対策をとっていれば、原発事故は発生しなかった」と断言したのでした。

「想定外の大津波」ではなく、実は人災だったのです。東電の悪質な怠慢がとりかえしのつかない事故を発生させてしまったのです。あの時、東電が冷却設備を高台に移していたなら、多くの住民が避難しないですんだはずです。あの牧場主が自殺しないですんだのです。避難先で子供たちが辛いいじめにあわずにすんだのです。それを思うとグラグラと腸が煮えくりかえるような怒りがこみ上げてきます。

後になって考えてみると、原発事故の原因調査が何もなされていない事故の直後に「想定外の大津波の為……」などとの発言は出来なかったのです。まるで原因が天災であったような報告です。そんな簡単なことに気づかず東電のまやかしの宣伝に乗ってしまった私はバカでした。

国会事故調査委員会の委員として二〇一一年一二月から半年、調査に関わった中央大学法科大学院教授の野村修也《のむらしゅうや》さんは、「東京電力は、敷地の高さを超える津波が来たら、全電源喪失の危険があることを認識していましたが、津波は来ないという証拠集めに時間を割き、防潮堤の改良や電源の移設を先送りした。事故が起きるリスク（危険）よりも、市民運動や訴訟で原発が稼働出来なくなることを『経営上のリスク』としてとらえ、本来のリスク管理を掛け違えていたのです」と新聞で述べています。

東電は事故による住民への危険を心配することよりも原発の経営がうまくいく事に重点を置いていたのです。何と恐ろしい人間集団なのでしょう。

前にも書きましたが、もう一度言わせて下さい。

原発の事故の後、日本中の原発がすべて止まった事が何度もあったのです。一番長い時で一年と一一カ月。二〇一三年九月から二〇一五年八月までの間の二年間弱、日本は原発ゼロでした。しかし、停電もなく、経済の混乱もなく普通に生活していたのです。それどころかクリスマス時期になると日本中の繁華街がイルミネーションで輝いていたではありませんか。信じられないような電光が、夜の暗やみを昼のように演出しているのをテレビで見ておどろいています。あの光景を維持するのにどれほど多くの電気を使っていると思いますか。ただ言えることは、それでも電力は足りているという事です。

再稼働が始まっていますが、それでも日本の全原発の九〇パーセント以上が動いていないのです。事実ほど強いものはありません。原発が必要だというどんなに膨大な論文を提示されようが、一年と一一カ月間の原発ゼロの事実に勝るものはありません。このゼロの期間、会社やデパートすべての建物は、ヒエヒエに冷たくひやされ、電車も自動車もクーラーがガンガンにきいていたのです。そして人はこれが原発ゼロの状況の中だとは思いもせず、あたりまえに生活していました。電力会社がみんな黙っていたからです。「今、日本中の原発が動いていないのです」などと電力会社も政府も言わないで黙っていたのです。

そして、東電のうその中で見逃してはいけないうそを述べたいと思います。「メルトダウンの発表の遅れ」です。

最初、私がこの言葉を知ったのはチェルノブイリ原発事故の時です。チェルノブイリの事故の詳細を知った時、その本の中にメルトダウンという言葉が事故の決定的な終末状態のように書かれていたのです。そして、メルトダウンになるとチェルノブイリのような放射能漏れになるのだと思いました。メルトダウンとは原発の炉心溶融のことを意味します。広瀬隆《ひろせたかし》さんの『危険な話』からメルトダウン（炉心溶融）を説明します。

「原子炉が三〇〇〇度、四〇〇〇度のような高い温度になりますと、この中に燃料の棒が入っておりまして、そのパイプの中であらゆるものが溶けてきます。中の金属などがみな溶けて流れ落ちてくる。溶けて落ちてくるのでメルトダウンと言っています。

さて、溶け落ちた重い金属が灼熱状態になって大きな塊になってくると、何が起こるのでしょう。この原子炉の底は鉄で出来ていますが、鉄は一五〇〇度くらいでお湯になります。ですから原子炉の底は破れていくわけです。アメのようになってきます。それからその下にコンクリート、厚いコンクリートがあって、これもまた三〇〇〇度には耐えられません。コンクリートに鉄筋が入っていて頑丈だと思っていても、この鉄筋が一五〇〇度でアメのようになり流れてしまいます。ということで、原子炉全体が地面に深い穴を掘ってゆくメルトダウンが起こるのです」

福島の原発事故を知った時、とっさにメルトダウンにだけはならないようにと祈る思いで事故の成り行きを見ていました。しかし、事故から三カ月ほどすぎた五月の末、東電がメルトダウンを認めた発表をしたのです。ついにその日が来たと私の心は凍てつきました。しかしです。もっと驚くべき事実が東電のうそつき体質の中で隠されていたのです。

津波から三日後の三月一四日にメルトダウンを東電は知っていたのです。メルトダウンについては、社内マニュアルに判定基準があり「炉心損傷が五パーセントを越えたらメルトダウンと判定する」となっていたのです。三月一四日午前、格納容器内で測定された放射線量から三号機の炉心損傷割合を三〇パーセント、一号機も五五パーセントと確認していたのです。翌日の夕方には二号機も三五パーセントとわかりました。いずれも基準の五パーセントをはるかに超えていたではありませんか。メルトダウンを公表せず、あの時の東電の記者会見では「炉心損傷」という言葉を使って「炉心溶融」とは言っていませんでした。

アメリカでは、すぐに自国民（アメリカ人）に福島からの撤退命令を出していた時、私は「少しおおげさなのではないか」とアメリカの発表を不思議に思っていたのですが、実はすでにアメリカはメルトダウンを知っていたのだと後になって知ったのです。知らなかったのは日本人だけだったのです。ひどい話です。この東電の三カ月ほどの発表の遅れに対して、新潟県の泉田知事は「メルトダウンを隠した背景や、誰の指示であったかなどについて、今後真摯に調査し、真実を明らかにしていただきたい」とのコメントを出したのでした。

事故の後、最初についた東電のうそ「想定外の大津波」といったのが「想定内」だったうそを、前橋地裁の判決から明らかにしたいと思います。

判決では、政府が二〇〇二年七月に策定した長期評価で三陸沖北部から房総沖でマグニチュード八クラス級の津波地震が起きる発生確率を「三〇年以内に二〇パーセント程度」と推定した点を重視。この発表から数カ月後には、東電は大きな津波がくることを予見出来たと述べています。

そして、東電がこの長期評価に基づいて二〇〇八年五月には福島第一原発に一五・七メートルの津波がくることを試算していたことを指摘しています。判決ではこの時点で、東電が実際に津波を予見していたと判断しています。実際の津波は一五・五メートルでしたから非常用発電機を高台に設置したり、防波堤を高くしていれば原発事故は防げたのです。

それを思いますと、悔しくて悔しくてなりません。東電がちょっとした対策をしていれば、多くの人が命を失わずにすんだのです。国会事故調査委員会は「東電経営陣には意図的な事故対策の先送り不作為があった」と指摘しています。東電は津波対策が課題になった会議で費用の面から対策をためらっていたとの証言があるのです。判決では「経済的合理性を安全性に優先させたことは特に非難に値する」と述べています。

ここでもう一つ。無視出来ない国の責任が大きく存在していることを言います。

国は二〇〇二年に津波地震が起きる可能性を知っていたのですから、東電に津波対策をとるように命じるべきでした。それを怠ったという責任は大きいはずです。私たちが「想定外の大津波」を信じていた頃、学界では「原発事故は人災だった」というのが常識だったと後で知り、おどろきました。そして、前橋地裁が東電の重過失を認定したのと同等に国の過失責任を認めたのでした。二〇〇二年に地震調査研究推進本部が出した「長期評価」で三陸沖から房総沖で大地震を予測していましたが、同時にその頃に八六九年の貞観《じょうがん》津波が残した痕跡《こんせき》砂層の研究が進んでいて、「日本地震学会が二〇〇七年に出版した『地震予知の化学』には、東北には近く巨大な地震津波が来る、と書かれていたのです。

当時の首相だった小泉純一郎氏が会長であった中央防災会議が岩手沖津波しか認めず、他の意見（予測）を無視した結果が三月一一日の大被害の一因になったとも言えるのではないでしょうか。小泉首相は自分が犯した過ちをどの程度理解しているのか知りませんが、福島の原発事故後、原発廃止の立場に立って、あちこちで演説しています。

それでは、ここまで明らかになった東電の悪質な過失（犯罪）に関して社会的にはどのような扱いを受けたのでしょうか。普通に考えたならば、何万人もの人の人生を狂わせ、何人もの命を奪い、帰れぬふる里にしてしまった罪は、はかり知れません。よって東電の幹部はただちに逮捕して有罪にすべきだと思うのですが、事実は誰一人責任をとっていません。それでは、事実はどう進んでいるのかを簡単に説明します。

二〇一二年八月
　被害者たちによる告訴団による告訴、告発を検察が受理。
二〇一三年九月
　告訴、告発された東電幹部や政府関係者ら四二人を検察が不起訴処分。
二〇一三年一〇月
　告訴団が勝俣元会長ら東電幹部ら六人の処分を不服として検察審査会に審査の申し立て。
二〇一四年七月
　東京第五検察審査会が勝俣元会長ら東電元幹部ら三人について「起訴相当」の議決を公表。
二〇一五年五月
　東京地検が勝俣元会長三人について再び不起訴処分。
二〇一五年七月
　東京第五検察審査会「起訴すべきである」との議決を公表。
二〇一六年二月

検察官役の指定弁護士が三人を強制起訴。

二〇一七年七月

「原発事故強制起訴裁判」初公判。

冒頭陳述で被告の弁護士は「津波対策に疑問を生じさせるものはなく、予見は出来ず、過失責任も生じない」と述べています。

真実は一つしかないのに裁判でその真実がゆがめられてきた実例を、私たちは今まで何度も見てきました。沖縄での裁判や原発に関する今までの判決をみると、政治と裁判の癒着なしではあり得ないような判決が出ています。司法の独立が完全とは言えない現実の中で、「強制起訴裁判」もどのような判決が出るのかわかりません。

しかし、国民が判決を出すことが出来るのです。良識ある国民が東電と国の大きな罪を認め有罪判決を下すのです。これこそ正しい裁判です。そしてこの有罪判決の内容とは、国民が原発を認めないということです。時間がかかってもすべての原発が廃炉になるまで、脱原発に向って歩み続けるのです。東電と国にとっては、これほど酷な判決はないはずです。さぁ、一人一人が判決を下しましょう。

原発が核兵器に

恐ろしいものを読みました。『原発を並べて自衛戦争は出来ない』という小さな冊子です。福島第一原発の建設に際して、原子炉系の機器のエンジニアリングに携わった山田さんが、核兵器を搭載した飛行機を使わなくても、原発を武力攻撃すれば、核爆弾を投下したと同じになるという論文を書いたのです。

「原発の設計条件に、武力攻撃を受けても安全でなければならない、などということは入っていない」と山田さんは言っています。それでは、二〇一一年の福島第一原発の事故の時、私たちをあれほど恐怖のドン底におとした「燃料プール」は、武力攻撃を受けた場合どうなのでしょう。燃料プールは原子炉格納容器の外側にあります。原子炉建屋の一番上にあるのです。つまり燃料プールの上は天井なのです。天井自体の重さを支える強度しかないそうです。天井を突き抜けて、燃料プールに爆弾が落下したらどうなるのでしょう。爆発の衝撃によって、使用済燃料の破損、破壊がおきるであろうと、山田さんは言っています。そして、燃料の位置がずれて、核反応が起きるかもしれないとも言っています。

一九九一年、茨城県の東海村でＪＣＯ（株式会社ジェー・シー・オー）の核燃料加工施設で事故が起きました。作業員がウラン溶液をバケツでタンクに入れている最中でした。

臨界事故と言って、核分裂などの反応が持続的に進行する状態になったのです。作業員三人のうち二人が、核反応による中性子線を浴びて死亡しました。燃料プールに溜まっているウランの量は、原発によって差がありますが、JCO事故のタンクの量より、少なくとも数千倍はあると言われてます。すると、もしも同じ状況が起こったならば、単純に計算して被害も数千倍になるという訳です。臨界事故になった場合、その被爆は致死量になるということを東海村の事故で私たちは知ったのです。原発に爆弾が投下された場合、天井の破れた原子炉建屋から大気中に大量の殺人放射性物質が放出されるであろうことを想像すると、ゾッとします。

山田さんは最後のページにこう書いています。

「いよいよ、私の文章は終わりである。最後に次のことを覚えておいてくださり、できれば、あなた自身の言葉で、身近な人々に伝えてくださることを期待したい。

A：原発に対する武力攻撃には、軍事力などでは守れないこと。したがって日本の海岸に並んだ原発は、仮想敵（国）が引き金を握った核兵器であること。

B：ひとたび原発が武力攻撃を受けたら、日本の土地は永久に人が住めない土地になり、

再び人が住めるように戻る可能性がないこと」

　ここまで読めば皆さんもお気づきだと思います。原発は平和を前提にしなければならないものです。平和のもとでなければ運転出来ない宿命をその構造上に持っています。しかし、前から何回も言っているように、安倍首相率いる自民党政権は「安全保障関連法」「秘密保護法」「共謀罪」という戦争を可能にする法案を強行採決で成立させました。アメリカから要請があったらいつでもかけつけることが出来る「集団的自衛権」も準備しました。戦争とは、宣戦布告をして始まるとは限りません。集団的自衛権を行使してアメリカ軍を援護している時、武器を使用した紛争に巻き込まれることもあり得ます。その時、日本の原発が武力攻撃されても不思議ではありません。

　今、世界で起きている残酷なテロ活動をみて下さい。彼らに原発を爆破することをためらう気持があるとは思えません。ですから、どんな理由があろうとも、原発大国の日本は相手から武力攻撃を受けるような事態をつくってはいけないのです。どこまでも平和的な手段で国際紛争を解決する姿勢を貫くことが必要なのです。これが「原発による核兵器」で国家滅亡に到るのを防ぐたった一つの方法だと私は思うのです。むずかしいことではありません。日本国憲法を使えばいいのです。「日本は憲法九条を忠実に守ります」と世界に向けて発するのです。九条には、戦争の放棄、戦力の不保持、交戦権の否認が説明されています。他国から武力攻撃を受ける理由がなくなるということです。

しかしです。自民党政権はこの憲法を改悪する作業を今、着々と進めています。特に「九条」に力を入れています。「九条」を否定するような内容です。これは大変危険な状況です。私たちが急がねばならないことは「九条」を守ることです。守ることとは「九条」を変える動きをストップさせることです。具体的には自民党の国会議員の数を大きく減少させることです。

安倍政権は今、多数の国会議員をかかえています。その数は強行採決をすれば安倍政権の議員数だけで法案を成立させることが出来ます。これをやめさせるには選挙で多数の自民党の国会議員を落選させることです。野党の協力なしでは法律を作れない数まで減少させるのです。そうすれば「九条」は守られるはずです。

私たち国民が国政に参加出来るのは選挙だけです。この権利を使って憲法を守り、日本の原発が核兵器になって私たちに襲いかかるかもしれない危機を避けることが出来るのです。

第十一章

政治と無関係には生きられない

山田さんの書いた冊子を読んで、憲法九条（戦争放棄）がいかに大切なものであるかをより強く感じました。それは今まで考えてもいなかった理由（原発が核兵器になるということ）を知ったからです。

今、安倍政権ががむしゃらに進めている戦争が出来る法律作りが、いかに危険なことなのかを身震いをする思いで知ったのです。

山田さんが主張する「日本列島滅亡」の危機が来ると決まったわけではありませんが、場合によってはその可能性は否定出来ません。そして、その可能性を不可能にすることは、私たちの力次第だと思うのです。安全で平和な日本を守ろうとしている国民の動き次第だと思うのです。私はこの力を信じたいと思います。

本当にいやな時代になってしまいました。前にも言いましたが、私の青春時代は未来が無限の明るさで輝いていたのです。しかし今、若い人たちにこのような未来を閉ざされたような現実を知らせることに心苦しさを感じています。

しかしです。しかし私は、最後まで明るい未来を信じています。そうして、それに向かって歩みを進めていくしかないのです。住井すゑさんが言っていたではありませんか。

「自然の力には勝てないけれど、人間が作り出した危機は人間が解決出来るはずだ！」と。

受け身になって安倍政権の政治を許していたなら、「日本列島滅亡」の日がやって来るかもしれないのです。それゆえ、私たちは政治に無関心ではいられないはずです。

ずっと私の信念のように思い続けていることがあります。それは「労働者の権利、生活がきちんと守られている土台がある世の中でなければならない」ということ。この土台があった上で、世の中のすべての発展がなされるようでなければいけない。そう思っています。

社会を動かしているのは労働者です。なぜなら、社会の中で圧倒的な多数で存在しているのが労働者だからです。この人たちの動き次第で世の中が変わります。選挙で一番影響力があるのはこの人たちです。この間の衆議院の選挙で戦争の出来る法律を三つも作った自民党が大きく票を増やしたのは、この労働者たちといえるのです。労働者は自分たちの首を自分で絞めています。なぜでしょう。

安倍政権のやっていることの詳細を知らないからです。危険な原発を推進させ、憲法九条（戦争放棄）を無視した法律を作り、アメリカの戦争を助けると、あれほどハッキリ言っている安倍政権に票を入れるのです。なぜでしょう。

そこまでひどい政権であることを知らないのです。なぜなら国会で何をやっているかを見る時間的な余裕がないからです。残業、残業で必死に働かねばならないのです。個人的な時間はほとんど食べる、寝る時間にあてられます。だから余裕のある生活が労働者に必要なのです。政治に関心を持てる生活でなければなりません。

そうなることで、労働者の安全が確保され、日本国の安全へとつながっていきます。何度も言いますが、それゆえに「労働組合」が必要なのです。

もう一つ、政治に関心を持っていない人が多くいる現実は、学校教育の中で「政治」をきちんと教えていないことに原因があると思います。学校で歴史を教えるとき、縄文時代あたりから始まり、現代に向かって進みます。鎌倉幕府や江戸時代の年号をテストの前日にまる暗記したものです。そして現代史のところにたどりつくのは忙しく短い三学期です。サッと駆け足で現代史を走り抜けます。本当は現代が大事なのです。現代史にじっくり時間をとって、現代から過去にさかのぼってほしいのに、実際はその逆です。現代史の中に戦争や社会問題、世界の動きなど、知るべき大切なことがたくさんあるのに走り抜けてしまうのです。

政治が世の中を大きく動かしているのに、その重要さをしっかり学ぶ機会を得ないまま大人になったら、政治に関心を持たなくても不思議ではありません。実際、私がそうでした。高校を卒業して就職したのですが、政治には全く興味も関心もありませんでした。いろいろな人との出会いの中で、たまたま「松川事件」を知り、そこから政治に関心を持つようになったのです。その、たまたまな出会いがなかったら、私の人生はどうなったかわかりません。政治に無関心のまま人生を送ったかもしれません。政治に無関心の人が多い方が政権を握っている人たちには好都合なのです。強行採決で悪法を成立させても気づかれません。選挙の時だけ宣伝カーの上で一般受けする調子のよいことを叫べば、普段政治に関心を持っていなくて国会の出来事に疎《うと》い人は、その叫びを信用してしまうのです。選挙の時は立候補者は美しいこと、立派なことしか言いません。その言葉だけを聞いているると、当選の暁にはすぐにでもバラ色の人生が開くような社会になると錯覚するほどです。

言っておきますが、選挙演説は聞かない方がいいです。大事なのは選挙期間ではないときに、その人の言動をよく見て、国会の中で何に賛成して、何に反対しているかを知ることです。「命がけでやります」という言葉をよく聞きますが、こんな人を選んではダメです。形容詞を並べる演説は信用出来ません。そこから主語、動詞を取り出してみてください。大したことを言っていないのがよくわかります。当選後、大した仕事もせず、議員としての高額な給料をもらってダラダラしていても「命がけでやっている」と言われればそれまでです。話が横道にそれてしまいました。

本題に入ります。原発や学校や職場に、こんなに危機が迫っている今、ではどうすればいいのかと考えたとき、それは政治だと気づきます。政治抜きではやっていけません。安倍政権が戦争へと進み、原発を推進させている今、この政治をストップさせなければなりません。それではどうすればいいのか。

選挙しかありません。選挙で安倍政権を支えている自民党の議員を減らすことです。与党が単独で法律を成立させることが出来る今の議員数を崩すことです。野党の協力がなければ国会で大事な議決が出来ない状態に野党議員の数を増やすのです。しかし、野党といっても油断出来ません。原発推進の野党もいます。憲法を変えるべきだといっている野党もいます。

そこで一番安心出来る野党は日本共産党です。原発ゼロを最初から言っています。戦争反対は日本共産党成立の時から一貫しています。日本共産党はただの一円も企業から献金をもらっていません。もらっていない政党は日本共産党だけなのです。「お金ください」と言っても企業は絶対日本共産党にお金は出しません。なぜでしょう。それは政党の中でただ一つ、「労働者が世の中の主役」だという理論を党の基本にしているからです。企業との間に一線を引き、一円の献金ももらっていないという立場が日本共産党の強みです。

だから立場上、企業の都合の悪いことも何の遠慮もなく追求出来るのです。つまり、労働者側の立場でものが言えるのです。国会での日本共産党の質問を聞いてください。その証明がなされているはずです。日本共産党が躍進すれば、労働者の生活は今より良くなるはずです。労働者の生活にゆとりが出来れば、労働者も政治に関心が持てるようになり、平和や自分たちの生活がより一層良くなる為の活動が出来るようになります。

いいことばかりが続くようにみえますが、しかしです。一つだけ問題があります。日本共産党の勢力が野党第一になったら、どんなに世の中が良い方向にかわるだろうと、胸ワクワクなのですが、しかしです。日本共産党に政権をとってもらいたくないのです。残念ですが与党にはさせたくないのです。野党止まりです。それでも日本共産党の影響は、日本の安全、労働者の生活向上に大きく役立つはずです。

まず、日本共産党とは何かを簡単に説明します。

「日本共産党」は、一九二二年七月に創設されました。日本の政党の中で一番長いのです。第一次世界大戦後の労働運動のたかまりの中、日本労働者階級の前衛政党として誕生したのです。党の綱領（基本方針）はマルクス主義にのっとっています。ドイツのカール・マルクス（一八一一八年生れ）と、エンゲルスによって体系づけられた学説（『資本論』）です。

ヨーロッパにまだまだ労働者の権利などなく、劣悪な環境の中で働かされていた時代に、科学的理論で労働者階級と人民の解放を説き、社会主義、共産主義の理論の創始者であり、エンゲルスとともに一生を労働者階級の解放の為にささげたといわれているのがマルクスです。

一九一七年のロシア革命後、ソビエト社会主義共和国連邦（ソ連）が世界で初めての社会主義国として誕生しました。それからヨーロッパ諸国を初めとして、世界中に社会主義の国が誕生したのです。第二次世界大戦（太平洋戦争）後、世界は資本主義対社会主義の二つに分かれて、にらみ合いの状態になりました。ヨーロッパから見て東にソ連があり、西にアメリカがあるので、社会主義陣営を東、資本主義陣営を西として、このソ連とアメリカの切迫した対立（戦争手前）は東西冷戦と呼ばれました。そのような中で起きたのがヴェトナム戦争です。

ヴェトナム戦争とは、アメリカがヴェトナムの社会主義化を防ぐ為のものでした。ヴェトナムが社会主義になれば、他のアジア諸国が社会主義へと動くのを恐れたのです。資本主義陣営を守る為に何が何でもヴェトナムが社会主義国になるのを阻止せねばならなかったのです。そうしてアメリカによるヴェトナム国民への無差別な虐殺行為が実行されたのでした。

今、その行動が注目され批判されている北朝鮮も、そんな東西冷戦の影響を受けたものです。一九四五年八月一五日は、日本の敗戦が決定して戦争が終わった日でありましたが、同時にこの日は朝鮮の人たちにとっても特別な日でありました。この日、トルーマン大統領（アメリカ）は、スターリン（ソ連）に宛てて「一般命令第一号案文」なるものを送ったのでした。これは連合軍の最高司令官の一般命令で降伏命令です。そこには、日本の降伏や、アメリカが単独で日本を占領すること。沖縄はアメリカ軍が占領すること等が示されていた中に「朝鮮は三八度線で分割占領する。南側はアメリカで北側はソ連とする」とあったのです。スターリンはこれに同意しました。その結果、朝鮮民族は一九四五年八月一五日に、日本から植民地解放と独立を得たと同時に三八度線で分割占領されたのです。今の朝鮮半島の悲劇はすべてここから始まったのです。

特に北朝鮮に住んでいる人たちの苦労は、流れ出てきた情報から知っただけでも、それは地獄のようなものです。一部の人間だけが裕福な生活をしていて他の国民の生活は日常の食糧も満足に得られず、餓死者も出る状況です。命をつなぐ為に脱北（北朝鮮から逃げる）者が後を断ちません。少しでも政権を批判したとみなされれば公開処刑です。その独裁者である金正恩《キムジョンウン》のおじいさん（祖父）は、当時のソ連が、北の指導者として送り込んだ金日成《キムイルソン》なのです。アメリカとソ連の身勝手な利害関係で一つの民族が分断されてしまったのです。しかし、ソ連（社会主義）は崩壊し、ロシア（資本主義）となり、置きみやげのように北朝鮮（社会主義）を残したのでした。

一九九〇年二月、ソ連がそれまで共産党だけしか認めなかった一党独裁制を放棄したのです。それは世界中をアッと驚かせました。私もアッと思ったのです。まさか、まさかの出来事だったのです。社会主義の大国ソ連がまさかこんな突然に崩壊するとは夢にも思いませんでした。私の中で、マルクス主義への疑問が生じた時でした。その後、世界の社会主義国は次々と新しい体制に変わっていくのでした。今でも残っている社会主義国で知名度の高い国は、中国、北朝鮮、キューバです。中国は、先に述べましたが、人権も民主主義も踏みにじられ一党独裁という社会主義の都合のよいところだけを残して、今、世界のリーダーをめざしてめきめきと経済面で海外に進出している事に恐怖を感じています。民主主義や裁判の独立を踏みにじった体制のまま世界におどり出たら、世の中がどうなるのかと心配です。民主化を願っている中国の人たちの一日も早い勝利を願わずにはいられません。

そして、北朝鮮も前に述べましたように、恐怖政治です。キューバはカストロ首相が生きている頃は、貧しい国ではあるけれど、公平でみんなが幸せに暮し、かろうじて社会主義がうまく進んでいる国と思っていたのですが、カストロの死後、その弟が首相になった世襲主義を見てガッカリしました。アメリカとの国交が進む中、経済面での破綻も見えてきて、その未来には資本主義が待っているのではないかと思います。根拠のない素人の直感ですが。

そんな訳で、世界中を見渡しても社会主義国が成功しているのを確認することが出来ないのです。それどころか、今残っている北朝鮮や中国を見ると、何回も言うようですが、民主主義と人権（社会で最も大事なこと）が、死んでいる恐ろしい国になっているのです。事実、最初は、貧乏人や農民の味方で、労働者が主役の社会主義国であると思っていました。しかし、社会主義国になった当時は、貧しい人や農民に行政が手を差し延べていたのです。しかし、時代が進むにつれ、独裁的政治が定着して貧富の差が進んできたことは、その歴史から読みとれます。ロシア革命後、百年の社会主義国の歩みの結果が失敗に終わった、ということの事実は存在するのです。

それでは肝心な日本共産党は、この現実をどう捉えているのでしょうか。日本共産党は「ソ連や中国とはまるで違う。自主独立の社会主義国をめざしている」と言っています。

日本共産党の綱領の中には次のような文章があります。

「ソ連とそれに従属してきた東ヨーロッパ諸国で一九八九～九一年に起こった支配体制の崩壊は、社会主義の失敗ではなく、社会主義の道から離れ去った覇権《はけん》主義と官僚主義、専制主義の破産であった。これらの国々では、革命の出発点においては、社会主義をめざすという目標が掲げられたが、指導部が誤った道を進んだ結果、社会の実態としては、社会主義とは無縁な人間抑圧型の社会として、その解体を迎えた。ソ連覇権主義という歴史的な巨悪の崩壊は、大局的な視野で見れば、世界の革命運動の健全な発展への新しい可能性を開く意義をもった――」。

強気ですね。社会主義国がこんなに失敗しているのに「大局的な視野でみれば世界の革命運動の健全な発展への新しい可能性を開く意義を持った」と言い切ってます。

綱領では、社会主義国の失敗の理由を「社会主義の失敗ではなく、社会主義の道から離れ去った――」からだと言ってますが、この説明では、資本主義が失敗しても「資本主義の道から離れたからだ」「資本主義そのものは健全である」と言われても文句が言えません。

そして失敗の理由を「覇権主義と官僚主義、専門主義の破産であった」とやたら難しい言葉で言っていますが、これは失敗した支配体制の実際のありさまを定義づけただけであって、そのような状態になった理由は述べられていません。失敗した相手国に「それは官僚主義だったから」とか「専制主義だったから」と言うのは簡単です。そうではなく、なぜそのようになったのかを私は知りたいのです。

もう一つ、社会主義国が失敗した理由を、「指導部が誤った道を進んだ結果——」と言っていますが、日本共産党が今後進んで行く中で、「指導部が誤った道を進む」ということは絶対ないと断言出来るでしょうか。指導者の誤りなんて、人間集団である限りどこにだって起こりえます。ソビエトの過ちが「社会主義とは無縁な人間抑圧型の社会」に到達する前に、なぜ修正出来なかったのか、そこが問題のはずなのです。百年もの間、歩み続けた社会主義の国が、すべて失敗に終わっているからには、そこに共通するなんらかの原因があるのではないかと思います。やっぱり私は日本共産党の綱領通り歴史が進むとは思えないのです。

日本共産党に不安をもつ理由がほかにもあります。戦後七二年間、日本共産党の代表者が実質的に三人なのです。野坂さん、宮本さん、そして今の志位さん、この三人です。途中不破さんと村上さんが一～二年代表者になりましたが、すぐ退任しました。実質的に三人です。今の党代表の志位さんは一七年目になります。これどう考えても長すぎます。ここに独裁的体質を許す空気を党内に感じます。

私が若かった頃、労働組合に支えられていた「社会党」という政党がありました。政策が日本共産党と一致するものが多く、選挙で社共統一を実現して、東京都の知事を、それまでの保守（自民党）から奪い、革新都政を実現したのです。社会党の勢力は野党第一党でした。学校の先生たちの組合（日教組）も社会党支持で、私の子供が小学生の時、選挙になると「社会党の○○さんをよろしく」と、先生から電話がありました。そんな時代があったのです。

その社会党も、政府の後ろ盾のもと、組合つぶしが全国的に進められ、国鉄の労働組合がねらい打ちの弾圧を受けて縮小すると、日教組も他の組合もまるで将棋倒しのようにつぶれていったのです。労働組合の組織票で支えられていた社会党は、組合の減少と比例して議員数を減らし、ついには分裂、そして社会党はつぶされてしまったのです。企業側の労働組合を母胎とした民社党もなくなり、労働者に支えられている政党は、日本共産党、ただ一党だけが残っているのです。日本共産党は地盤が組合だけでなく、党の新聞（赤旗）を活用して幅広い支援者に支えられているからだと思います。

社会党が健全だった頃、党大会が行われると執行部に反対する発言が飛び出して、もめているのを新聞やテレビでよくみていました。しかし、私の記憶の限りでは日本共産党大会がもめたというのを聞いたこともみたこともありません。組織の中にはいろいろな考えの人がいるのですから、もめて当然です。もめるという事は党の内部が健全に動いていて発言の自由が満たされている証です。日本共産党の大会がもめることなく終了していたのが、私には不思議でした。反対意見が言えない状況だったのか、反対があっても隠蔽《いんぺい》されていたのか、わかりません。不思議であり不気味でした。ソ連にしろ中国にしろ社会主義の国は本当の事を発表しませんでした。

チェルノブイリ原発事故の時も、世界は後になって気づいたのです。核の汚染がヨーロッパへ風に乗って届いた時、おかしいと騒いだ後、ソ連は事故を発表したのです。中国の「文化大革命」の陰で、一般人による殺人（人民裁判）が行われていたのも、ずっと後で私たちは知ったのです。そのように社会主義の国は大きな事件が国内で起きても都合の悪いことは隠蔽してしまっていました。報道管制があって、国が報道の選択権を一人じめしているのです。今の中国をよーくみて下さい。それがわかります。日本共産党の中にもその隠蔽体質を感じるのです。

しかしです。日本共産党に他の政党が真似出来ない長所があることも事実です。戦争にも、原発にも、憲法改定にも無条件で反対しています。他の野党は、自衛戦争なら仕方ないとか、原発は今すぐ廃止ではなく、××年先には、なくすとか、憲法も平和は望むけれど時代が変わってきたのだからそれなりの戦力は必要などと、いろいろ理由を付けてはっきりした反対論にはなっていません。

そんな訳で、戦争反対、原発即廃止、憲法九条そのまま維持等で信頼出来るのは日本共産党だけです。野党である日本共産党の議員を国会へ多数送り込むことは、日本の安全にとって大事なことだと思うのです。日本共産党の綱領の中に、「社会主義的変革は、短期間に一挙におこなわれるものではなく、国民の合意のもと一歩一歩の段階的な前進を必要とする長期の過程である」と書かれています。

安心してください、すぐに社会主義国家になるとは言っていません。そして、こう続けてます。

「その出発点となるのは、社会主義、共産主義への前進を支持する国民多数の合意の形成であり、国会の安定した過半数を基礎として、社会主義をめざす権力がつくられることである。そのすべての段階で、国民の合意が前提となる」。

ほんの少しの勉強しかしていませんので、そのささやかな私の知識からだけで申し上げるのですが、日本共産党はずいぶん変わりました。昔の日本共産党はこんな穏やかではなかったように思います。今回、これを書く為に綱領を読んだのですが、この前に私が綱領を読んだのは、二五歳の頃ですから五〇年も前のことです。五〇年の社会の進みの中で、党の方針も変化したのですね。考えたらあたり前のことです。人間の集団ですから完全なものなんかないです。おかしいと思ったら変えればいいんです。

日本共産党に対していくつかの疑問がありますが、それでも私が選挙で日本共産党に投票する訳は、戦争に反対する姿勢、企業と一線をひき、常に働く者の味方であることなどの一番大事なことが長い年月がたっても変わっていないということです。

今、このひどい政治の流れを変える一つの方法として、選挙で日本共産党の議員を一人でも多く国会へ送り込むという作戦は有効だと思います。

将来、どのような政権のもとで国会を運営することが国民の幸せにつながるのかは、あなたたち若者自身が決めて下さい。選ぶ政党がなければつくればいいのです。

第十二章

世界のポピュリズムと地球温暖化

日本の安倍政権の保守化をみて驚いていると、それと同じ傾向が世界の中にも感じられて、さらに驚いています。これはどういうことなのでしょう。

アメリカで、まさかと思っていたトランプ氏の当選です。トランプ氏個人については、あまり驚いていません。こんな非常識な人はどこにでもいます。ただ、このトランプ氏を支持する人がアメリカにこんなに沢山いたということに驚愕しました。アメリカ国民がトランプ氏を当選させるはずがない、と思っていました。自由と民主主義の先輩のようなアメリカの良心を信じていたのです。非常識としか言えないような暴言の演説を、アメリカの国民性が受け入れるはずがないと思っていたのです。しかし当選したのです。

またヨーロッパでみられる難民受け入れ拒否の風潮が広がっていることに危機感を持っています。

今、世界的におどっているポピュリズム（大衆迎合主義）の言葉が、かつて、ドイツのヒトラーが国外に侵略の手を伸ばす前に、国内にその地盤作りをする時、彼はポピュリズムに乗って躍進したといわれてます。その結果がナチスによるあの大虐殺です。世界中の人がその恐怖と共に今なお忘れられない歴史の一コマですが、最近新聞やニュースでヒトラーを支持する「ネオナチ」の行動が時々報じられているのです。歴史が後ずさりしているような気がしてなりません。

日本国内と世界に暗雲が広がり始めているような、いやーな予感がするのです。民主主義を踏みにじって過去へと逆走している安倍政権と同じものを世界に感じるのです。

この世界的な保守化がなぜ頭をもたげてきたのか、私にはわかりません。ただ私は最終的には人間を信じます。人間の善を信じたいのです。今までの歴史の中にも危機は幾度もありました。そして、乗りこえてきたのです。人間はきっと平和を守るだろうと思いたいのです。

今、ふと思ったのですが日本の憲法九条（戦争放棄）が世界に受け入れられれば、広がりつつある暗雲もかなたへ動くのではないでしょうか。

今、しかし、憲法九条は崖っぷちに立たされているのです。与党単独で法律を成立させる議員数を得た安倍政権は着々と「九条」を追いつめています。この「九条」を世界の平和に役立てる為にもまずはしっかりと、九条の存続を守らなければなりません。「憲法改悪反対！　九条守れ！」ですね。

名残惜しいのですが、ページ数も残すところあと少しとなりました。

最後に「地球」です。私たちの住んでいる地球も、実は危ないのです。何が危ないかと言えば「温暖化」です。南極や北極の氷が溶けているのをテレビの映像で私たちは何回もみせられています。世界中で起きている異常気象による大雨の被害は、日本でも世界でも毎年のようにくり返されています。海面が上昇して小さな島の住民が移住している映像もみました。地球の平均気温が上がっているのです。たとえばそれが一度であったとしても地球の動植物の環境は変わってしまうのです。結果、どんな微生物が発生するかわかりません。それが恐ろしい病原菌だったらと思うとゾッとするのです。新薬が開発されるまで時間がかかります。その間に人間はどのくらい死んでいくのでしょう。いやな想像ですが、夢物語ではないはず。

二〇年前、温暖化を心配する人達が世界から集まり、京都で国際会議が開かれました。温暖化の原因の一つとされている二酸化炭素（CO_2）排出の規制を定めた「京都議定書」が採択されましたが効果は期待するほどでもなく、昨年フランスで再び国際会議が開かれ「パリ協定」が発表されました。そして今日の新聞記事には「今世紀末の温暖化予測、さらに悪化」との見出しで「地球温暖化による今世紀末の世界の平均気温上昇は、国連気候変動に関する政府間パネルの予測をもとにした数値よりも最大で０・５度高くなるとするシミュレーション結果を米カーネギ研究所の研究チームがまとめた」「今世紀末の気象上昇を予測。「対応なし」の場合、産業革命前より4・8度高くなるとの結果を得た」とありました。

「今世紀後半に世界の温室効果ガス排出を実質ゼロにする」というパリ協定の目標を祈る思いで期待しているのです。

ちなみに、アメリカのトランプ大統領は「温室効果ガス排出の規制は必要ない。温暖化は一部の人間がさわいでいるだけ」と言ってます。

正しい現実を認識して、世界が一つになって地球を守る時がきているのです。国と国が争っている場合ではないはずです。

あなたへの提言

課題は一杯です。今、日本でそして世界で何が起きているのか、ちゃんと見るべきです。学校の受験や出世の為の勉強だけではなく、世の中の動きを知る勉強が大事なのだと思います。そのような勉強を是非ともやって欲しいのです。その手助けをしてくれる仲間が、いろんな所にいるはずです。知恵と勇気を与えてくれる本も一杯あるのです。本屋さんへ行って下さい。

私の人生の師でもあった「むのたけじ」さんが『詞集・たいまつ』で語っています。「政治をばかにする国民は、しょせんばかな政府しかもてない」と。

最後に私の好きな言葉を申し上げて終わりとします。

世の中に役に立つ仕事の出来る人間の条件として「若くて、無名で、貧しくて」

今、改めて私からあなたへこの言葉を差し上げたいと思います。熱い期待と共に……。

著者

おわりに

　この原稿を書き始めたとき、スラスラとあまりにも、スラスラと最後まで書けてしまい自分でも驚きました。テレビや映画では、小説家が机に向かっていると、2、3行書いては原稿用紙を引きちぎってくるくるとまるめ、ポイッとゴミ箱に捨てていました。書いてはポイ、書いてはポイの映像を何度も見て、「ああ、物を書く人というのは、あのように何度も書き直し、苦労しながら作品をつくっていくのだなあ」と思っていました。しかし、いざ自分が書きはじめると、一度もクルクル、ポイをすることなく、前へ前へペンが進んでいくのでした。しかし、いざ書きあげると、あれほど自信に満ちて書いていたのに、まったく自信を失ってしまいました。

「こんなに、何の苦労もなく素人がスラスラと書きなぐったような原稿が本になるのなら、日本中本だらけになるはず……」と思いました。

　原稿は箱入りとなり、何ヶ月も静かに眠っていたのでした。

　私は血圧の薬をもらいに毎月一回、病院に通っています。十年以上も通院しているので、先生とも親しくなり、診察室に入ると、山の話、政治の話、原発の話など病気に関係のない話で盛り上がるのです。そんな雑談の中である日私は、「あのー、私、原稿を三〇〇枚ほど書いたのですが……」と言うと、先生は「読みたいですね。今度その原稿を持ってきてください」と言いました。

二つ返事でうなずいた私は、翌月、診察室に持参。そして次の予約日に診察室を訪ねると、先生は、「よかったですよ。宮幡さんの原稿は勉強になりました。いい本になると思います」と、言ってくださったのです。想像もしていなかった意外なその言葉に、私は飛び上るほどに驚き、涙が出るほどに嬉しくなりました。

この先生の一言が、私の背中を押したのです。

「そうだ、やっぱり頑張ろう。出版社に電話しよう」

そんな勇気が湧いてきたのです。

その後も先生は心配してくださいました。何も知らない私に、出版社へのイロハを助言してくださった、あの電話での優しく細い声が今でも耳に残っています。先生の温かい気持ちと一緒に。

そして、いくつかの出版社に電話をして出会ったのが知道出版です。いつものようにビクビクしながら話を進めていると、「わかりました。お読みしますので原稿をお送りください」といったその声は、私の不安を吹き飛ばすように優しかったのです。後日、原稿を読んでくださった奥村編集長から手紙が届きました。そこには、恥ずかしくなるほど原稿の内容が高く評価してありました。そして「社会時事関係の書籍を刊行している出版社に送付してみてください。編集者に共感していただければ、企画で受けていただけるところもありますよ。是非とも挑戦してみてください」とあり、最後に「もし出版費用を求められる自費出版の道しかなければ、小社にお任せください。私が責任を持って編集から刊行までを担当させていただきます」と、あったのです。

なんと、なんと嬉しい手紙だったことでしょう。利益を度外視した善意に満ちたその手紙の向こうに、まだ、お会いしたこともない奥村さんの誠実な人柄に深く感動したのでありました。奥村さんの助言を受けて他の出版社に電話したのですが、もう、私の気持ちは知道出版に大きく傾いていました。

そして奥村さんへの手紙を書いたのです。「ただいま！　やっぱり帰ってきました。どうぞよろしく！」と。それから奥村さんとの作業が始まりました。ひとつひとつ的確なアドバイスを温かい言葉で伝えてくださった奥村さんに私は崩れ落ちそうになる気持ち（自信）をそのたびに立て直すことができたのです。

いろいろな本を読んでいると、最後の頁の「あとがき」に決まり文句のように「この本はひとえに××さんや○○さんたちの協力があったからこそ出版できたのでありまして、心より感謝しております」とあるのを読んで、これを出版界の儀礼的なご挨拶のように思い、軽く読み流していたのです。しかし、しかしなのであります。これはまったく私の偏見と誤解であったことに気づきました。はっきりと申し上げますが、この本は小松先生と奥村さんの支えがなかったなら完成しなかったのです。お二人に出会うことがなかったら、この本は生まれなかったはずです。どんなに深く頭を下げてもこの感謝の気持ちは表現できません。この本の一番最初に偶然にも「めぐまれたひととの出会い」の話がありますが、それをさらに証明したのが小松先生と奥村さんとの出会いだと思っています。私は、なんと幸せ者なのでしょう。

この本を最後まで読んでくださいましたあなたへ感謝いたします。ありがとう！

二〇一九年四月

宮幡昭子

著者プロフィール
宮幡昭子（みやはた あきこ）
1944年、朝鮮生まれ。1973年、結婚し2男をもうける。主婦業に専念しながら、新聞やテレビなど一般の情報源をたよりに社会問題に関心を持ち続けている。日本の若者たちに強くアピールしたいと本書を上梓。これが処女作となる。

日本《にほん》の未来《みらい》を変《か》えるあなたへ

2019年6月15日　初版第1刷発行
著　者　宮幡昭子
発行者　鎌田順雄
発行所　知道出版
〒101-0051 東京都千代田区神田神保町1-7-3 三光堂ビル4F
TEL 03-5282-3185　FAX 03-5282-3186
http://www.chido.co.jp
印　刷　モリモト印刷

© Akiko Miyahata 2019 Printed in Japan
乱丁落丁本はお取り替えいたします
ISBN978-4-88664-319-3